Der Roggenpreis
und die Kriege
des großen Königs

Der Roggenpreis und die Kriege des großen Königs

Chronik und Rezeptsammlung
des Berliner Bäckermeisters
Johann Friedrich Heyde
1740 bis 1786

Herausgegeben und eingeleitet
von Helga Schultz

Akademie-Verlag
Berlin 1988

ISBN 3-05-000308-1

Erschienen im Akademie-Verlag Berlin,
DDR-1086 Berlin, Leipziger Str. 3—4

Lizenznummer: 202 · 100/167/88
P 177/86
Printed in the German Democratic Republic
Gesamtherstellung: VEB Druckhaus „Maxim Gorki“, Altenburg
Lektor: Regina Thurner
Gestaltung und Schutzumschlag: Bernd Meier
LSV 0266
Bestellnummer: 754 721 4 (6990)

02800

Inhalt

Einleitung

Wenn wir die Geschichte nach unseren Ursprüngen befragen, so interessiert uns nicht allein das Wesentliche der Abläufe und Geschehnisse, sondern auch das konkrete Schicksal der Menschen. Wir möchten unseren Vorfahren möglichst direkt ins Gesicht sehen, die Beweggründe ihres Handelns und die Umstände ihres Lebens verstehen. Wir möchten die grundsätzlich anderen Verhältnisse ihres Daseins begreifen und das uns Ähnliche darin erkennen.

Dabei stoßen wir rasch an die Grenzen der Quellen. Die große Masse der arbeitenden Menschen vergangener Gesellschaftsordnungen hat keine Autobiographien verfaßt und keinen Briefwechsel geführt. Schriftliche Zeugnisse ihres Lebens wurden vorwiegend von staatlichen und kirchlichen Behörden angefertigt, nicht von ihnen selbst. Deshalb ist jede einzelne autobiographische Quelle kostbar, die uns dennoch von Handwerkern, Bauern oder Lohnarbeitern überliefert ist.

Im 18. Jahrhundert waren außerhalb des Adels, des Handels- und Manufakturbürgertums und der Intelligenz nur die zünftigen Handwerker einigermaßen schreibkundig.[1] Aus diesem Kreis stammen daher mehrere autobiographische Zeugnisse, die auf Berlin Bezug nehmen. Da gibt es die Lebenserzählungen des Barbiergesellen und späteren Meisters in Halle, Johann Dietz,[2] des Soldaten und nachherigen Manufakturunternehmers in seiner schweizerischen Heimat, Ulrich Braeker,[3] und die des Unteroffizierssohnes, Goldschmiedelehrlings und schließlich ersten Direktors der Berliner Gewerbeschule, Karl Friedrich Klöden[4]. — Die Chronik des Bäckermeisters Johann Friedrich Heyde, die im Berliner Stadtarchiv aufbewahrt wird,[5] unterscheidet sich von diesen Darstellungen in mehrfacher Hinsicht. Sie hat erstens keinen künstlerischen Anspruch, sondern ist unmittelbare, naive Reflexion von Erlebtem und Erfahrenem. Der Verfasser ist zum anderen fest im Berliner Handwerk verwurzelt. Sein Lebensweg führt ihn weder in andere soziale Klassen oder Schichten noch von Berlin fort. Seine Aufzeichnungen sind also wohl in besonderem Maße geeignet, über die Mentalität wichtiger Teile der werktätigen Berliner Bevölkerung dieser Zeit Auskunft zu geben. Die Niederschrift ist im Unterschied zu den schon genannten nicht als Bilanz eines erfolgreichen Lebens verfaßt, sondern unmittelbar aus dem Alltag erwachsen. Sie kann Haltungen und Einstellungen deshalb unverschönt und in ihrem Wandel wiedergeben.

Die Aufzeichnungen des Bäckers Johann Friedrich Heyde stehen auch in der Tradition der älteren Berliner Chronistik. Aber im Unterschied zu dem Offizier, der die Berliner Garnisonchronik verfaßte,[6] und dem wahrscheinlich kaufmännischen Autor der Chronik von 1704 bis 1758[7] konzentriert er sich nicht auf die unkommentierte Wiedergabe von Kriminalfällen und Hofbegebenheiten. Er läßt eigenes Erleben und eigene Wertungen einfließen, so daß tatsächlich ein höchst subjektives Zeitbild entsteht. Der Sinn seiner Aufzeichnungen war es, der Nachwelt, und das hieß sicher vor allem den eigenen Nachkommen, »ein Denkmal und gute Erinnerung« zu geben. Er wollte persönliche Zeiterfahrung als historische Erfahrung weiterreichen. Dies setzte ein hohes Maß an Reflexion und Selbstbewußtsein voraus.

Um die Wurzeln dieses Selbstbewußtseins bloßzulegen, ist nach Persönlichkeit und Lebensverhältnissen des Chronisten zu fragen. Johann Friedrich Heyde teilt uns selbst viel über sich und seine Familie mit. Ergänzungen liefern die Kirchenbücher[8] und die Bürgerbücher[9].

Vater des Chronisten war Gottfried Heyde, der aus dem märkischen Dorf Stolpe bei Angermünde nach Kölln an der Spree kam und 1698 im Alter von 27 Jahren als Schneider das Meister- und Bürgerrecht erhielt. Ihm folgte bald sein jüngerer Bruder Martin in die Residenz, der im Jahre 1706 das Bürgerrecht als Bäcker gewann und ein eigenes Haus in der Markgrafenstraße kaufte. Beiden Brüdern erleichterte es die Heirat mit einer bemittelten Witwe, in der Hauptstadt Fuß zu fassen. Die erste Frau Gottfried Heydes, die Mutter des Chronisten, war die Witwe des Gerichtsassessors Zilcher. Sie war 7 Jahre älter als ihr Mann. Johann Friedrich Heyde wurde im Jahre 1703 geboren, als seine Mutter schon 39 Jahre alt war, und er blieb das einzige überlebende Kind aus dieser Ehe. Er wuchs zusammen mit seinem 8 Jahre älteren Halbbruder Daniel Zilcher auf. Der Weg mag Johann Friedrich oft in die Markgrafenstraße zum Onkel geführt haben, wo er seine Vettern Johann Friedrich, Christian Friedrich und Martin Friedrich traf. Wenn sie ihm auch kaum vollwertige Spielkameraden gewesen sind — sie waren 4 bis 7 Jahre jünger —, so war er doch mit diesen Vettern und mit seinem Halbbruder lebenslang verwandtschaftlich eng verbunden, wie die mehrfachen gegenseitigen Patenschaften zeigen. Diese fünf Jungen und auch der jüngste, 1722 geborene Cousin wurden Bäckermeister in Berlin.

Für die Entwicklung des Chronisten war offenbar die Mutter von besonderer Bedeutung. Als einstige Ehefrau eines Juristen hat sie wohl eine bessere Bildung besessen als die durchschnittliche Meistersfrau, die derzeit auch in Berlin noch mit drei Kreuzen unterzeichnete. Sie mag ihren jüngsten Sohn inmitten der einfachen Lebensumstände, in die sie nun hineingestellt war, intensiv erzogen und unterrichtet haben. So fände die Schreib- und Wortgewandtheit des Bäckermeisters Johann Friedrich Heyde eine Erklärung. Mögen uns die Eigenarten der Orthographie und der Mangel an Satzzeichen in der Chronik auch befremden, so weisen schon die ungelenken Eintragungen des Sohnes am Ende des Büchleins darauf hin, wie hoch der Chronist über der allgemeinen Lese- und Schreibfertigkeit der Handwerksmeister stand. Für deren mangelhafte Schreibkenntnis liefern die Akten des Schlächtergewerks oder das Gesellenbuch der Huf- und Waffenschmiede im Berliner Stadtarchiv Belege. Umfang und Qualität der Elementarschulbildung in Berlin im ersten Drittel des 18. Jahrhunderts reichten für die aktive Beherrschung von Lesen und Schreiben nicht aus. Die Söhne der Handwerker wurden an den Parochialschulen bei den jeweiligen Kirchen unterrichtet. Dort waren zwar mit der Wende vom 17. zum 18. Jahrhundert unter dem Einfluß des Pietisten Philipp Jakob Spener das Schreiben und das Rechnen neben Katechismus, Bibelunterricht und Lesen Unterrichtsgegenstand geworden,[10] aber die Jungen vergaßen später zumeist, was sie dort nur oberflächlich gelernt hatten. Im Alter von 13 bis 15 Jahren, nach der Konfirmation, wird Johann Friedrich Heyde gleich seinem Bruder Daniel Zilcher in eine Bäckerlehre gekommen sein. Der Vater hat diese Berufswahl für die Söhne wohl unter dem Gesichtspunkt getroffen, ihnen eine sichere und einträgliche Existenz zu eröffnen. Die Bäcker gehörten wie die Schlächter überall zu den wohlhabendsten, krisenunabhängigen Handwerken. Ein Bäcker konnte um die Mitte des 18. Jahrhunderts 500 bis 600 Taler jährlich einnehmen.[11] Das war der dreifache Jahresverdienst eines Webers oder Schneiders. Das väterliche Schneiderhandwerk bot schon deshalb keine ausreichende »Nahrung«, weil es offenbar zu viele Schneider in den Residenzen gab. Besonders

Schneider aus den brandenburgischen Dörfern und Kleinstädten drängten gleich Gottfried Heyde nach Berlin, denn die Schneiderei war das häufigste Landhandwerk. Der Vater gab sie darum schließlich auf und eröffnete eine Gastwirtschaft. Als Gastwirt wird er seit 1731 in Bürger- und Kirchenbüchern genannt. In der Gastwirtschaft des Vaters hat der Chronist offenbar Interesse an der Branntweinbrennerei und Likörherstellung gewonnen. Die vielen einschlägigen würzigen und süßen Rezepte, die er in seinem Stammbuch mitteilt, deuten zumindest auf eine Nebentätigkeit als Brenner für den Hausgebrauch hin.

Die florierende Bäckerei des Martin Heyde wird wohl die Wahl der Lehrstelle für die Jungen wesentlich bestimmt haben. Möglicherweise hat Johann Friedrich denn auch in der Bäckerei seines Onkels die Bäckerlehre absolviert. Es kann ebenso sein, daß der Onkel ihn an seinen Zunftgenossen Meister Michael Wilcke, der Bäcker auf der Dorotheenstadt war, vermittelte. Als der Chronist sich nach langer Gesellen- und Wanderzeit mit 28 Jahren als Bürger und Bäckermeister niederließ, heiratete er die 16jährige Tochter des Meister Wilcke. Eine so junge Braut wie Eva Maria war für die damalige Zeit ungewöhnlich, denn das durchschnittliche Heiratsalter der Frauen lag höher als heute. Das Heiratsalter des Bräutigams entsprach dagegen dem Durchschnitt der Berliner Handwerker. Die Heirat war ja eng an die Gründung einer selbständigen Existenz als Meister gebunden. Bei ärmeren Handwerkern und Manufakturarbeitern erzwangen die Schwierigkeiten der Existenzgründung ein noch deutlich höheres Heiratsalter oder die gänzliche Ehelosigkeit.

Es war nicht einfach für Johann Friedrich Heyde, Bäckermeister in der Residenz zu werden. Die Zahl der Bäckerstellen in den einzelnen Stadtteilen Berlins war vom Magistrat festgelegt, damit jeder ausreichend »Nahrung« habe. Diese Grenzen wurden mit der wachsenden Einwohnerzahl hinausgeschoben. So lesen wir im Bürgerbuch anläßlich der Bürgeraufnahme des Chronisten 1731: »Es hat nunmehr seine Richtigkeit bei dem Gewerk, weil er vermöge königlichen Reskripts vom 10. 11. die 15. Bäckerstelle auf der Dorotheenstadt erhalten hat.« Das Bürgergeld wurde ihm um einen Taler auf 3 Taler ermäßigt, »da sein Vater ein alter Bürger und dem publico viel beigetragen«.

Die Einrichtung einer Bäckerei erforderte ziemlich große finanzielle Mittel. Konnte man das Schneiderhandwerk in jeder Stube betreiben, die man für 10 bis 20 Taler jährlich mietete und zugleich als Wohn- und Schlafraum der Familie nutzte, so waren für die Bäckerei eine besondere Backstube mit Backofen, ein Speicherraum für Mehl und Getreide und eine Vielzahl von Gerätschaften notwendig. Die Bäcker hatten daher in der Regel ihr eigenes Haus. Im Berliner Häuserbuch werden aus dieser Zeit sieben Verkäufe von Bäckerhäusern genannt, die alle für 1800 bis 3500 Taler den Besitzer wechselten, im Durchschnitt also 2586 Taler.[12] Soviel Geld hatte unser Chronist als Geselle nicht erarbeiten können, und soviel gaben ihm auch die Mitgift seiner Frau und die Hilfe des Vaters nicht in die Hand. Er mußte zunächst ein Haus mit Backstube mieten. Erst im Jahre 1744 konnte er offenbar dieses selbe Haus in der Mittelstraße 27 kaufen. Es war an der Ecke Neustädtische Kirchstraße gegenüber der Dorotheenstädtischen Kirche gelegen. Sein Leben spielte sich fortan in dem engen Kreis zwischen Backstube und Kirche ab. Von hier aus sah er die Welt und hielt ihren Lauf in seiner Chronik fest.

Die sozialen Beziehungen Johann Friedrich Heydes wurden durch die Verwandtschaft und durch das Bäckergewerk bestimmt. Und Verwandtschaft und Gewerk flossen ineinander, sie bedingten sich offenbar wechselseitig. Die ganze verzweigte Heyde-Familie präsentiert sich als eine rechte Berliner Bäckerdynastie. Die Bäcker bildeten offenbar fast einen geschlossenen Heiratskreis. Dies entsprach den Lebensbedingungen und Traditionen des zünftigen Handwerks so wie aller anderen Klassen und Schichten der feudalständischen Gesellschaft. Nur sehr langsam brachen die gesellschaftlichen Veränderungen des herannahenden bürgerlichen Zeitalters diese Abgeschlossenheit auf. Und je blühender das Gewerk dastand, desto stärker wurden Zusammenhalt und Tradition behauptet. Die Berliner Bäcker und Schlächter konnten sie von allen Handwerken in der Stadt am längsten bewahren.[13]

Die Gilde bestimmte Heirat, Berufswahl und gesellschaftliches Leben der Handwerker von der Wiege bis zur Bahre. Die Solidarität der Handwerker machte an den Grenzen der Zunft halt. Aber diese Abgeschlossenheit gab den Beteiligten etwas mehr Sicherheit in einer von Krankheit, Arbeitslosigkeit, Hunger und Krieg gezeichneten Welt. Diese Gemeinschaft war Quell eines zünftigen, das heißt beruflich-ständischen, zugleich aber auch eines bürgerlichen Bewußtseins.

In dieser relativen Sicherheit der Existenz eines zünftigen Bäckermeisters in der brandenburg-preußischen Hauptstadt gelang dem Chronisten die Gründung und der Erhalt einer großen Familie. Dies war in einer Zeit, in der Berlin mehr Sterbefälle als Geburten aufzuweisen hatte, weder selbstverständlich noch einfach. Mit deutlichem Stolz zeichnete Heyde in ganz stereotyper Weise die Geburt seiner acht Kinder auf. Dies ist der älteste, noch vor der eigentlichen Chronistentätigkeit begonnene Teil der Eintragungen. Er kennzeichnete dabei das Jahr kurz und bündig durch den Getreidepreis. Der Kornpreis war für den Bäcker die Summe von Hagelschlag, Krieg, Dürre und hartem Frost oder des Ausbleibens solcher Katastrophen. Er war Ausdruck seiner besonderen Weltsicht.

Durch Geburt und Tod der Kinder wird in der Chronik etwas vom Schicksal der Eva Maria Heyde sichtbar, der bei ihrer Heirat noch beinahe kindlichen Ehefrau des Chronisten. In den späteren Aufzeichnungen findet sie mit keinem Wort mehr Erwähnung. Sie wird geduldig die Lasten getragen haben, die mit der Geburt und Versorgung der Kinder und mit der Führung des großen Haushalts, dem sicher ständig ein Lehrling und ein bis zwei Gesellen angehörten, verbunden waren. Sicherlich war sie ihrem 12 Jahre älteren, vielseitig gebildeten und interessierten Manne keine geistig ebenbürtige Partnerin. An seiner Rolle im öffentlichen Leben von Kirchengemeinde und Gewerk hatte sie keinen Anteil. Die Stellung der Frauen im zünftigen Handwerk war ganz auf Haus und Familie begrenzt. Hier hatten sie allerdings ihre Aufgabe bei der Pflege verwandtschaftlicher Beziehungen, wie die zahlreichen Patenschaften von Ehefrauen zeigen.

Eva Maria Heyde bekam ihr erstes Kind, einen Sohn, der den Namen des Vaters erhielt, mit 17 Jahren. Dann folgten in regelmäßigen Abständen von 2 Jahren weitere fünf Kinder. Die letzten beiden wurden im Abstand von jeweils 3 Jahren geboren, beim jüngsten war die Mutter 33 Jahre alt. Inzwischen hatte sie jedoch drei Kinder zu Grabe tragen müssen. Als das letzte ihrer Kinder heiratete, war sie 58 Jahre alt. Ihren Mann überlebte sie um 11 Jahre. Mit den Maßstäben der Zeit gemessen kann man ihr 86jähriges Leben als erfüllt betrachten. Fünf Kinder konnte sie gesund aufziehen und verheiraten. Frühe Witwenschaft blieb ihr erspart. Und sie war im Alter nicht auf die Solidarität des Gewerks und die öffentliche Armenpflege angewiesen, sondern lebte geborgen und geachtet in der Familie ihres Sohnes Gottfried. Die kinderreiche Familie des Johann Friedrich Heyde war unter damaligen Verhältnissen ein Glücksfall.

Die Kindersterblichkeit, die in Berlin wie in anderen Großstädten tatsächlich ein Drittel bis die Hälfte aller Säuglinge und Kleinkinder hinwegraffte, tritt uns auch in der Familie Heyde erschreckend und konkret vor Augen: Eine Schwester und die drei nachgeborenen Halbgeschwister des Chronisten starben ebenso wie vier Geschwister und Halbgeschwister seiner Frau, wie drei eigene Kinder, wie alle fünf Kinder seines Sohnes Gottfried und zwei weitere Enkelsöhne. Viermal werden die Pocken als Todesursache genannt, die unvermindert alle 2 bis 4 Jahre als Epidemie grassierten. In drei Fällen werden die »Zähne« als Grund bezeichnet, eine Diagnose der medizinischen Unkenntnis und Ohnmacht. Und dieses Sterben geschah in einer Familie, wo es immer genug Nahrung gab, wo die Frauen ihre Säuglinge offenbar selbst stillten und wo sicher auch der gröbste Unverstand ausgeschaltet war, soweit das derzeit möglich gewesen ist. Könnten nicht die umfangreichen volksmedizinischen Kenntnisse des Familienoberhaupts in manchem Falle das Schlimmste verhütet haben? Unter den vielen Arzneien seines Stammbuches sind mehrere Rezepte speziell für Kinder.

Eine glückliche Ausnahme bildet schließlich auch die lange Ehedauer im Leben der Eva Maria Heyde. Der Tod eines Partners beendete die Ehe damals mindestens so häufig, wie heute eine Scheidung. Das traf natürlich für beide Geschlechter zu. Aber die Frauen traf es in der Regel härter, weil sie mit dem Gatten auch den Ernährer der Familie verloren. Vielfach wurde eine erneute Heirat schon aus diesem Grunde notwendig und von der Zunft gefördert. In die Familie Heyde heirateten drei junge Witwen ein. Und beide Töchter verwitweten im Alter von 41 und 42 Jahren, über eine Wiederverheiratung ist nichts bekannt.

Fast hätte dieses Schicksal auch die junge Frau des Sohnes Johann Friedrich getroffen. Im Jahre 1771, als neben anderen Krankheiten die Ruhr in Berlin umging, wurde dem Chronisten aus dem gleichfalls in der Mittelstraße gelegenen Haus seines Sohnes die Meldung von dessen Tod überbracht. Der Vater trug dies in die Chronik ein. Wenig später erwies sich die Schreckensbotschaft aber als falsch. Der Sohn erholte sich. Er wurde 82 Jahre alt und zeugte noch zwei Söhne. Die merkwürdige Nachricht ist in der Chronik durchgestrichen.

Das Verhältnis des Chronisten zum Tod ist für uns ungewöhnlich.[14] Den Tod erwachsener Verwandter und anderer Menschen aus seiner Umgebung hält er in seiner Chronik fest, doch über das Sterben der eigenen kleinen Kinder schweigt er. Dies bestätigt die herrschende Auffassung, daß der Tod der Säuglinge und Kleinkinder damals von den Menschen als eine unabänderliche, natürliche, also gottgegebene Tatsache hingenommen wurde.[15] Nur so konnte man die wiederkehrenden Schicksalsschläge seelisch verarbeiten.

Erhebliche Anstrengungen kostete es Johann Friedrich Heyde, allen seinen Söhnen die Niederlassung als Meister und Bürger in Berlin zu ermöglichen. Alle drei sollten nach seinem Wunsch Bäcker werden. Sie erlernten das Bäckerhandwerk und erwarben mit Unterstützung des Vaters nach mehr oder weniger langer Wanderschaft das Bürger- und Meisterrecht. Doch Schwierigkeiten gab es schon bei dem Ältesten. Als er im Jahre 1761 die Meisterschaft im Bäckergewerk gewann, fühlte sich der Vater mit 58 Jahren noch nicht alt genug, um die Bäckerei zu übergeben. Eine andere Bäckerstelle war aber nicht zu haben, obwohl der Sohn eine Bäckerstochter geheiratet hatte. Da richtete sich der Sohn Johann Friedrich 2 Jahre später mit Hilfe seines Schwagers, des jungen Brauherrn Fiebelkorn, eine Brauerei ein und ließ sich in der Nachbarschaft des Vaterhauses nieder. Auch fast 10 Jahre später, als sein Sohn Gottfried das Meisterrecht als Bäcker erwarb, dachte der Bäckermeister Heyde noch nicht daran, sich aufs Altenteil zurückzuziehen. Seine Tatkraft war ungebrochen. Der Sohn arbeitete nun offenbar 3 Jahre lang in der Bäckerei seines Vaters als Geselle mit, wie aus der Kirchenbuchnotiz anläßlich seiner Eheschließung hervorgeht. Im Jahre 1773 heiratete er eine verwaiste entfernte Verwandte, die seit ihrer Kindheit im Haushalt der Heydes lebte und arbeitete. Nun übernahm er die Bäckerei. Der Bäckermeister Johann Friedrich Heyde war zu diesem Zeitpunkt 70 Jahre alt, sein Sohn Gottfried 31 Jahre. — Der jüngste Sohn Heinrich Wilhelm, der im Jahre 1772 das Meisterstück gefertigt hatte, heiratete eine Bäckerswitwe und ließ sich als Meister im Viertel um die Nikolaikirche nieder.

Der Chronist nahm erheblichen Anteil daran, daß alle seine Söhne eine geachtete und gesicherte Existenz als zünftige Bäckermeister oder Brauer bekamen. Er nutzte seine angesehene Position im Gewerk und sein gutes Verhältnis zu den Behörden des absolutistischen Staates, um Übel von ihnen abzuwenden. Dazu zählte er offenbar auch den Kriegsdienst. Anders ist es kaum zu erklären, daß der älteste Sohn Johann Friedrich im Siebenjährigen Krieg als Mundbäcker beim Prinzen Heinrich, dem Bruder des Königs, dienen konnte und lange vor Kriegsende nach Hause kam. Der Vater mußte sicher auch seinen Einfluß geltend machen, um den jüngsten Sohn Heinrich Wilhelm, der 1766 »aus eigener Begierde und Lust« — also wohl gegen den väterlichen Willen — unter die Soldaten gegangen war, schon nach 13 Monaten »aus Bitte« zu befreien.

Das Familienleben war demnach auch hier nicht konfliktfrei. Sorgen wird es um den Sohn Gottfried gegeben haben, der sich 9 Jahre lang durch die weite Welt treiben ließ und endlich im Jahre 1770 aus »Westindien über Holland« zurückkehrte. Ob er im Zuge der kriegerischen Auseinandersetzungen zwischen England und Frankreich dorthin verschlagen wurde, die in der Chronik immer wieder auftauchen? — Mehr Freude machten vermutlich die Töchter, die recht früh, mit 19 und 20 Jahren, wohlsituierte Bürger heirateten. Die Jüngste ehelichte sogar einen Kaufmann und »Materialisten«, also jemanden, der mit verschiedenen Kramwaren, Gewürzen und auch Arzneimitteln handelte und der niederen kaufmännischen Gilde angehörte. Diese Heirat stellte ebenso einen sozialen Aufstieg der Bäckerstochter dar wie die Ehe der Schwester mit dem Herrn Büttner, der offenbar Predigersohn war und selbst dem Beamtenstand angehörte. Der Familie der ältesten Tochter blieb der Chronist in seinem Alter sichtlich besonders verbunden. Deren Kinder und Enkel sind die einzigen ferneren Nachkommen, über die wir aus seinen Aufzeichnungen noch etwas erfahren.

Johann Friedrich Heyde konnte im Rahmen des Familien- und Zunftverbandes einen beachtlichen Aufstieg nehmen. Betrachten wir zunächst die materielle Seite. Im Jahre 1731 hatte er fast ohne eigene Mittel die Bäckerei begonnen. Binnen 13 Jahren gelang es ihm, soviel Geld zu ersparen, daß er sein Haus auf der Dorotheenstadt kaufen konnte. Dafür waren mindestens 2000 Taler aufzubringen. Er baute das Haus aus und um und ließ die Backstube und die Einrichtungen zum Branntweinbrennen modernisieren. Offenbar betrieb er die Brennerei und Likörfabrikation als einträgliches Nebengeschäft, wurde doch der Branntwein anstelle des Biers immer mehr zum Lieblingsgetränk und Sorgenbrecher der Berliner Lohnarbeiter und Soldaten.

Die Haupteinnahmen kamen jedoch aus der Bäckerei. Die Bäcker gehörten in Berlin wie überall zu den wohlhabendsten Handwerkern, und unser Chronist war unter ihnen noch besonders erfolgreich. Dies rührte hauptsächlich daher, daß die Bäckerei nicht krisenanfällig war, da Brot immer gekauft werden mußte. Auch der Ärmste konnte hieran kaum sparen, wenn er sich auch Fleisch, Bier, Gemüse, neue Kleidung und eine warme Stube versagte. Kartoffeln ersetzten in Berlin erst nach 1800 in spürbarem Umfang das Brot als Grundnahrungsmittel. Der Absatzmarkt der Bäcker erweiterte sich durch das rasche Wachstum der Stadt fortwährend. Und die städtische Brottaxe ließ den Bäckern einen guten Gewinn, wenn auch der König mit Akzise, Kriegsmetze und weiteren Steuern seine Hand auf den Brotpreis legte. Die obrigkeitliche Brottaxe regelte den Preis des Brotes über das Gewicht. Je teurer das Korn auf den

Markt kam, desto kleiner war das Brot. Die Bäcker verkauften es klitschig und mit minderwertigen Beimengungen, wie die Zeitgenossen häufig klagten. Nur selten strafte der Magistrat Verstöße gegen die Taxe. Der Chronist berichtet von einem solchen Fall. Spekulationen mit dem Getreide, das bis zu 8 Jahren alt noch verbacken wurde, eröffneten zusätzliche Einnahmequellen. Wir brauchen dem frommen und rechtlich denkenden Meister Heyde solche Praktiken nicht unterstellen. Sicher hat er sich als Oberkirchenvorsteher und Ältester des Gewerks um die Einhaltung der Vorschriften bemüht. Auch ohne dies ist es erklärlich, daß er selbst in Notzeiten beachtliche Geldmittel ansammeln konnte.

Zwischen 1761 und 1772 bezahlte er seinen Söhnen nicht nur die Kosten des Meisterstücks, des Meister- und des Bürgerrechts, sondern er stattete jeden auch noch mit 400 Talern Bargeld für die Einrichtung eines eigenen Betriebes aus. Die Mitgift der beiden Töchter wird sich ebenfalls auf mehrere hundert Taler belaufen haben. Wir können davon ausgehen, daß zwischen 1754 und 1772 mindestens 2000 bis 2500 Taler für die Aussteuer der Kinder verwendet wurden. Und dies, obwohl Johann Friedrich Heyde im Jahre 1763 fast 1400 Taler durch die Geldentwertung der Kriegsmünzen verloren hatte!

In diesem Zusammenhang begegnet uns der Chronist mit unverhüllter Rechenhaftigkeit. Das wirkt auf den heutigen Leser vor allem dort befremdlich, wo die Kosten für die Niederlassung der Söhne aufgelistet werden. Aber die Rechenhaftigkeit war ein wichtiger Teil des Bewußtseins dieses Berliner Handwerksmeisters. Sie war Grundlage seines geschäftlichen Aufstiegs, Teil eines bürgerlichen Selbstbewußtseins, dem Erwerbsstreben als Tugend galt. Dementsprechend sind die genauen Kostenrechnungen über den Ausbau des Hauses als Mahnung an die Nachkommen zu verstehen, das Geschaffene zu achten und zu mehren.

Zum materiellen Erfolg kamen Ämter und Ehren. Der Chronist wurde Altmeister des Bäckergewerks, eine Ernennung, die die Zunft nur mit Zustimmung und Bestätigung eines Magistratsmitgliedes, des Gewerksassessors, vornehmen konnte. In dieser Funktion hatte Heyde in erster Linie Kontroll- und Ordnungsaufgaben des Magistrats auszuführen; erst in zweiter Linie durfte er die Handwerksmeister diesem gegenüber vertreten.[16] Zweimal, von 1760 bis 1766 und von 1769 bis 1776, hat er in seiner Eigenschaft als Altmeister die Aufsicht über die Gesellschaft des Bäckergewerks innegehabt und deren Rechnungen geführt. Dieses Amt wurde ihm nicht allzu schwer, da die Bäckergesellen im Unterschied zu den Gesellschaften der Schuhmacher, Schlosser oder Maurer nicht gegen Meister und Obrigkeit opponierten und nicht in Streik traten. Zu einem großen Teil waren es Söhne gutsituierter Meister, die ihrer künftigen eigenen Werkstatt recht sicher sein konnten.

Im Alter von 51 Jahren, im Jahre 1754, erhielt Johann Friedrich Heyde ein Amt, das über den Gewerksrahmen hinausführte. Er wurde zum Oberkirchenvorsteher der lutherischen Dorotheenstädtischen Kirchengemeinde berufen, einer Gemeinde, zu der neben Handwerkern und Kaufleuten auch zahlreiche Akademiker und königliche Beamte gehörten.

Diese Dorotheenstädtische oder Neustädtische Kirche war zudem eine Simultankirche, die von einer lutherischen und einer reformierten Kirchengemeinde gleichzeitig genutzt wurde. Die reformierte Gemeinde bestand großenteils aus Hugenotten. Diese Kirche war also ein Schnittpunkt vielfältiger sozialer, religiöser und kultureller Bereiche. Das Wirken als Oberkirchenvorsteher vermittelte dem Chronisten daher vielfältige Anregungen und weitete seinen Horizont. Die Berufung in dieses Amt war zweifellos sehr ehrenvoll. Johann Friedrich Heyde wurde dieser Aufgabe sicher nicht nur auf Grund seines Ansehens als gutsituierter Bäckermeister, sondern auch wegen seiner überdurchschnittlichen Bildung und Klugheit gerecht. Heyde war der einzige Oberkirchenvorsteher in Berlin aus dem Zunfthandwerk; die übrigen waren Kaufleute, Akademiker oder Beamte. Auch diese Funktion erforderte das Vertrauen der Staatsbehörden. Der Polizeidirektor und Stadtpräsident Karl David Kircheisen persönlich führte Heyde in das Amt ein. Er hatte diese Funktion bis kurz vor seinem Tode inne, wie die Berliner Adreßkalender ausweisen.

Der Aufstieg des Meisters Johann Friedrich Heyde war wesentliches Fundament seines bürgerlichen Selbstbewußtseins. Das wird in der Chronik deutlich, wenn er 1758 den Aufzug der Bürgerkompanien beim Empfang der Königin in Berlin schildert. Bürgerstolz durchzieht mehr oder weniger sichtbar die gesamte Darstellung. Er ist jedoch eingebettet in eine streng monarchische, staatstreue Gesinnung des Chronisten. Man kann dies nicht einfach als Untertanengeist abtun oder als Resultat obrigkeitlicher Bedrückung erklären. Seine Identifikation mit dem friderizianischen Preußen war Bestandteil seines Selbstverständnisses.

Der eigene Aufstieg lief parallel zum Aufstieg der brandenburg-preußischen Hauptstadt und zum Aufstieg dieses spätfeudalen Staates zur europäischen Großmacht. Eingebunden in den Aufstieg des Staates waren große Teile des Berliner Handwerks, das mit dem Wachstum der Stadt und mit Lieferungen für Hof und Heer eine späte Blüte erlebte. Selbst das Vordringen der Manufakturen schien dem nicht im Wege zu stehen, solange das Handwerk Zulieferungen übernahm und so Unabhängigkeit gegen Arbeit tauschte. Es war daher naheliegend, sich von der Macht des Staates und von den Siegen auf den Schlachtfeldern selbst bestätigt und erhoben zu fühlen.

Den Hauptstädter beeindruckte auch der Glanz der ausländischen Monarchen und Gesandtschaften, die nach Berlin kamen. Sie brachten Abwechslung und Buntheit in das Leben der einfachen Bürger. Von all dem berichtet der Bäcker in seiner Chronik mit sichtlicher Freude. Das Hofleben wurde offenbar als eine Spiegelung der eigenen bürgerlichen Welt empfunden, die »große Welt« als Gegenstück und Überhöhung der eigenen »kleinen Welt«. Dies erklärt die Anteilnahme, mit der der Chronist alle Ereignisse in der königlichen Familie und ihren Seitenlinien verfolgte.

Bürgerstolz und Staatsgesinnung standen hier nicht im Gegensatz zueinander, obwohl der spätabsolutistische Charakter des Staates objektiv den schärfsten Gegensatz enthielt.[17]

Das Einverständnis des Chronisten mit der gesellschaftlichen Ordnung und mit der Politik seines Königs war aber nicht bedingungslos. Es erhielt zweimal einen kräftigen Stoß. Das erste Mal geschah dies, als im Oktober 1760 Berlin von russischen und österreichischen Truppen besetzt wurde. Der Vorwurf gegen den König, der seine Hauptstadt nicht zu schützen wußte und mit der Armee erst anrückte, als alles vorüber war, ist nur zwischen den Zeilen zu lesen. Ausgesprochen wird der Groll gegen »unsere Vorgesetzten«, die die Stadt fluchtartig verlassen hatten, und dagegen, daß »uns dieser und jener Wind vorgemacht [wurde] zum Trost, wenn mans besahe war es Wind«. Hier wird die Kluft zwischen der einfachen Bürgerschaft einerseits und den hohen Beamten und der »Hofstadt« andererseits wahrgenommen und ausgedrückt.

Noch herber ist die Kritik an der königlichen Wirtschafts- und Währungspolitik nach dem Kriege, vor allem an dem Münzedikt von 1763. Recht ausführlich legte der Bäckermeister seine finanziellen Verluste dar, um »der Nachwelt« einen Begriff von den Kriegslasten zu geben. Als eindeutiges Unrecht beklagt er: »die königlichen Abgaben mußten dennoch alle mit schweren Gelde nämlich alter Münze bezahlet werden«.

Das Verhältnis des Bäckers zu seinem König hatte

sich verändert. Seit den letzten Jahren des Siebenjährigen Krieges ist in der Chronik weder Volkstümlichkeit noch Heldenverehrung zu spüren. Auch dies bestätigt, daß die Legende um Friedrich II. aus der Entfernung entstand und in erster Linie das Werk borussophiler Historiker ist.[18] Die brandenburgischen Untertanen waren zu sehr Betroffene seiner Politik, als daß sie die Gefühle späterer preußisch-deutscher Historiker für den »Alten Fritz« hätten teilen können.

Für Charakter und Humanität des Chronisten ist uns sein Verhältnis zum Krieg Prüfstein. Natürlich erlag im Jahre 1756 auch Johann Friedrich Heyde der preußischen Propaganda, die den Einmarsch in Sachsen als einen Präventivschlag gegen den drohenden österreichischen und sächsischen Einfall zu rechtfertigen suchte. Natürlich schenkte auch er einer Berichterstattung Glauben, die preußische Siege überhöhte und selbst aus einem Debakel wie der Schlacht bei Kolin 1759 noch ein »Remis« machte. Es war offenbar schwer für den Bürger, zu widerstehen, wo so viel gesiegt wurde. Um so höher ist es zu werten, daß der Bäckermeister sich dann vom Krieg abkehrte.

Er tat dies, obwohl keiner seiner Söhne auf den Schlachtfeldern geblieben war. Ihm kamen Zweifel am Sinn des Krieges, obwohl er und seine Familie nicht Not litten, sondern in Kriegszeiten möglicherweise noch höheren Gewinn aus der Bäckerei hatten. Er konnte sich noch für Kalbfleisch- und Rebhühnerpreise interessieren, als für die Mehrzahl der Berliner nur noch der Brot- und der Holzpreis wichtig waren. Aber er sah das Elend, das der Krieg nicht nur über Berlin brachte. Er registrierte auch Meldungen über Not in Dresden, in Schlesien und auf anderen Kriegsschauplätzen. Solche Nachrichten erreichten durch Soldaten und durch den eigenen Sohn Berlin. Heyde verschloß schließlich vor dem hungernden Volk zwar seine Tür, um angstvoll das Brot durch das Fenster zu verkaufen, aber doch nicht Augen und Herz.

Am Ende interessierten ihn die Klauseln des Friedensschlusses nicht, war es gleichgültig, wer gesiegt hatte. Da steht nur noch das Stoßgebet: »Gott unser Schöpfer lasse uns dergleichen nimmer wieder erleben und lasse diesen Frieden feste stehen bis auf die späteste Jahre und lenke die Herzen der Fürsten dahin, daß Frieden und Gerechtigkeit einander küssen und daß dieser schwere Krieg von den kleinesten Kindern nicht möge wieder erlebet werden!«

Johann Friedrich Heyde hatte als Bürger der preußischen Hauptstadt keinen Kirchturmshorizont. Er war zudem ein politisch gebildeter, interessierter und informierter Mann. Woher mag er seine Informationen bezogen haben? Einmal werden »Hamburgische Zeitungen« als Quelle erwähnt. Muß man nicht eine regelmäßige Zeitungslektüre des Bäckers annehmen? Die Nachrichten erscheinen in seiner Chronik stark gerafft. Zahlen, Daten und Namen sind recht exakt, wenn auch die Orte und Personen in manchen Fällen offenbar nach dem Gehör notiert wurden. Die Hauptquelle sind wahrscheinlich Gespräche im Kreis der Zunftmeister und — noch wichtiger — mit den gebildeten Kirchenvorstehern und Predigern der Dorotheenstadt gewesen.

Allerdings scheint sich einige Jahre nach dem Siebenjährigen Krieg in diesen Runden wieder eine Geisteshaltung herausgebildet zu haben, wie Goethe sie beim Osterspaziergang einen Bürger äußern läßt:

»Nichts Besseres weiß ich mir an Sonn- und
 Feiertagen,
Als ein Gespräch von Krieg und Kriegsgeschrei,
Wenn hinten, weit, in der Türkei,
 die Völker aufeinander schlagen.
Man steht am Fenster, trinkt sein Gläschen aus
Und sieht den Fluß hinab die bunten Schiffe
 gleiten;
Dann kehrt man abends froh nach Haus
Und segnet Fried und Friedenszeiten.«[19]

Die Anteilnahme des Chronisten an der Weltpolitik war ganz von den Bündnissen und Interessen preußischer Politik bestimmt. Wegen des mächtigen Verbündeten Großbritannien registrierte er Ereignisse des britisch-französischen Kolonialkrieges. Der Siebenjährige Krieg stand in engem Zusammenhang mit dieser Auseinandersetzung. Die Geschichte der ersten Teilung Polens findet aus der Sicht preußischer Politik ihren Niederschlag. Entsprechend der offiziellen Argumentation stehen nicht die machtpolitischen Ziele Rußlands, Preußens und Österreichs im Mittelpunkt, sondern die Religionskonflikte zwischen dem polnischen Adel und andersgläubigen Bevölkerungsteilen. Dies reichte dem Bäckermeister augenscheinlich nicht ganz als Begründung für die Annexion polnischer Gebiete. Bei der Besetzung des Danziger Werders hilft er sich mit der Floskel »wegen Umbstände«. Die Besetzung Westpreußens erfährt gar keine Begründung. Relativ breiten Raum nimmt in den späten Aufzeichnungen der russisch-türkische Krieg ein. Die Ereignisse werden aus der Perspektive des mit Preußen verbündeten Rußland berichtet.

So war die weltpolitische Sicht des Chronisten recht einseitig. Der nordamerikanische Unabhängigkeitskrieg, der in der Gründung der USA als bürgerliches Staatswesen gipfelte, trat ebensowenig in sein Blickfeld wie die spektakulären Fortschritte der Produktivkräfte in England, die den Beginn der industriellen Revolution bedeuteten.

In ähnlicher Weise eingeschränkt war auch seine Wahrnehmung der Entwicklung in der eigenen Stadt. Sie war ständisch begrenzt. Neben der eigenen bürgerlichen und zünftischen Sphäre war für ihn nur die Welt des Hofes der Chronistik wert. Das Leben der Manufakturarbeiter und Soldaten lag außerhalb und unterhalb seines Bewußtseins. Obwohl diese armen, schwer arbeitenden Menschen immer stärker das Bild Berlins prägten, bildeten sie für den Bäckermeister Heyde nur eine gesichtslose Masse, den »Pöbel«. Die ganze eindrucksvolle Entwicklung der brandenburg-preußischen Hauptstadt zu einer Manufakturstadt fand überhaupt keinen Niederschlag in der Chronik. Es ist erstaunlich, in welchem Maße sich Johann Friedrich Heyde das Bild einer »heilen« ständisch-monarchischen Welt bewahrt hatte, wo doch diese Welt sichtbar in Stücke ging und die Zeichen des neuen, bürgerlichen Zeitalters deutlich am Horizont standen.

Das Zeitbewußtsein des Berliner Bäckermeisters war in dieser Hinsicht gewiß verzerrt. Wie groß mag der Kreis der Berliner Bürger gewesen sein, für die ähnliches gilt? Solcherart begrenztes Zeitbewußtsein in einer Umbruchepoche schuf natürlich ein günstiges Klima für eine stabilisierende, konservative, ja reaktionäre Politik der herrschenden Klasse. Es bildete einen Damm gegen das Eindringen von Ideen der Französischen Revolution, die noch im letzten Lebensjahr des Bäckermeisters den welthistorischen Sieg der Bourgeoisie einläutete.

Tatsächlich blieb das zünftige und kaufmännische Bürgertum Berlins von antifeudalen Ideen der Aufklärung unberührt. Revolutionäres Ideengut erreichte vornehmlich die Akademiker und Beamten. Soziale Kämpfe ergriffen im Gefolge der Französischen Revolution nur die Gesellen und Manufakturarbeiter Berlins. Gerade die Berliner Bürgerschaft, die an der wirtschaftlichen Blüte der Haupt- und Residenzstadt ihren Teil hatte, war ein Hort geistigen und politischen Konservatismus. Dies ist kaum verwunderlich. Politischer Konservatismus war kein Zeichen wirtschaftlicher Schwäche und Abhängigkeit vom preußischen Staat, sondern er ging mit wirtschaftlicher Stabilität einher.

Die Chronik des Berliner Bäckermeisters überliefert uns das Zeugnis eines langen rechtschaffenen und arbeitsamen Lebens, in dem bürgerliche Normen noch nicht zu den »preußischen Tugenden« Arbeiten, Beten und Gehorchen verbogen waren, in dem aus bürgerlichem Selbstbewußt-

sein auch kritischer Geist und öffentliche Aktivität wuchsen und Ansatzpunkte für die Entwicklung demokratischer Haltungen boten. Solche Haltung konnte sich im feudalabsolutistischen Preußen allerdings nur in engen Schranken entfalten.
In den achtziger Jahren versiegen die Aufzeichnungen des Johann Friedrich Heyde. Die letzten Eintragungen melden den Tod Friedrichs II. und die Getreidepreise, damit noch einmal die Pole bezeichnend, zwischen denen sich die Chronik bebewegte. Am 5. November 1790 starb der Chronist. Das Kirchenbuch vermerkt: »Johann Friedrich Heyde, Bürger, Weiß- und Loß-Bäcker Meister und gewesener Ober-Kirchenvorsteher bei dieser Kirche, alt 87 Jahre und 3 Monate, gestorben an der Entkräftung in der Mittelstraße an der Kirchgaßen Ecke im eigenen Hause. Hinterläßt eine Witwe und 5 majorenne Kinder (3 Söhne, 2 Töchter). Die Herren Prediger haben Gebühren nicht angenommen.«

Die Aufzeichnungen des Bäckermeisters enthalten als relativ selbständigen Teil eine umfangreiche Sammlung von Rezepten. Von Branntweinrezepten geht er zu Heilmitteln aller Art über. Der Zweck war nicht so sehr verschieden. Auch die »Wässer« sollten heilen, wie ihr Name und ein Teil der Ingredenzien verraten. Gut getan haben sie den Patienten sicherlich im Moment. Die diversen Heilmittel sind in ihrer Wirkung weniger klar. Da steht manch gutes Hustenmittel und sicheres Abführmittel, das aus jahrhundertelanger Erfahrung in die schriftliche und mündliche Volksüberlieferung gelangt war, neben Rezepten der berüchtigten Dreck-Apotheke[20]. So soll ein Hühnerei im eigenen Urin des Patienten gekocht werden, wonach es der Patient — zur Erleichterung des Lesers — nicht essen, sondern nur im Ameisenhaufen vergraben muß. Der Saft eines Pferdeapfels wird gegen die Kolik empfohlen. Lebendige Krebse sollen zerstoßen und zu einer Brandsalbe verarbeitet werden. Das alles hat natürlich sehr viel mit Aberglauben zu tun, der uns auch sonst in christlicher und unchristlicher Verbrämung reichlich aus dieser Sammlung entgegentritt. So ist für ethnographische oder medizin-historische Spezialforschungen interessantes Material enthalten.
Hier werden diese Rezepte nicht nur für solche Zwecke oder gar um der Kuriosität willen mitgeteilt, die sie für uns zweifellos haben. Sie bieten darüber hinaus Einblicke in das Alltagsleben und die Alltagsprobleme der Berliner im 18. Jahrhundert. Da versucht man nicht nur die bekannten tödlichen Krankheiten zu lindern, die Pocken, die Ruhr und die typhusartigen Fieber. Man probierte auch immer neue Mittel gegen die Ackelei (Akne? Furunkulose?), gegen Verstopfung und Hämorrhoiden. Die Ernäherung war damals sehr arm an Gemüse und Obst und also fehlten Vitamine und Schlacken. — Krätze und Grind spielten ebenso eine Rolle wie Ungeziefer, ein Ergebnis der geringen Sauberkeit. — Mehrere Rezepte gelten der Fürsorge für das Vieh, vor allem für die Pferde, die der Bäcker hielt, um das Korn mit eigenem Fuhrwerk zur Mühle zu fahren. Die Viehhaltung war um die Mitte des 18. Jahrhunderts in Berlin noch sehr verbreitet. — Krieg und Militär sind gegenwärtig in den Rezepten zur Wundheilung und »daß man dauerhaft marschieren kann«. Sogar tödliche Wunden werden noch kuriert! — Zahnschmerzen, Husten und Gliederreißen gehörten offenbar auch zu den Übeln, von denen unsere Vorfahren mindestens so häufig geplagt wurden, wie wir heutzutage.

Abschließend seien die Prinzipien der Textgestaltung dargelegt. Die Orthographie der Quelle weicht erheblich und nicht immer nach erkennbaren Regeln vom heutigen Gebrauch ab. Die Satzzeichen fehlen fast oder haben eine ganz andere Bedeutung. Der Text wurde nur soweit modernisiert, wie es die Lesbarkeit erforderte. Satzzeichen sind dort gesetzt, wo der Sinnzusammenhang unklar bliebe.

Die Orthographie ist nur soweit dem derzeitigen Gebrauch angenähert, wie es die Bewahrung des Lautbestandes gestattete. Getilgt wurden lautlich unwirksame Konsonantenhäufungen und Vokaldehnungen. Die Getrenntschreibung von Wortbestandteilen, die der Chronist bevorzugte, ist nur dort aufgehoben, wo es sich um Vorsilben ohne eigene Bedeutung handelte. Substantive (außer Fremdwörtern), Satzanfänge und Namen sind im Unterschied zur Quelle groß, die anderen Wörter klein geschrieben worden. Alle Einfügungen in eckigen Klammern sind Ergänzungen und Erklärungen der Herausgeberin.
Ferner ist die Anordnung des Textes verändert. In der Quelle leiten die Likörrezepturen das Büchlein ein. Es folgen Heilmittel, die aber auch am Ende noch zu finden sind. Die Aufzeichnungen über die Geburt der Kinder schließen sich an. Mittendrin steht der Hauptteil, die Chronik. Familiennotizen sind eingestreut, ebenso Rechnungen, Aufstellungen verschiedener Art und biographische Notizen aus der »großen Welt«. Lose Blätter erschweren die Zuordnung. Der Text erscheint nun mit den von der Herausgeberin gewählten Überschriften in der Reihenfolge: Familiäres, Chronik, Rezepte. Fortgelassen sind die Aufstellungen von Gesellen-Münzen und Daten europäischer Herrschaftshäuser. Ebenso wurde eine Tabelle der Schlachten Friedrichs II. fortgelassen.

Diese Chronik konnte nur dank der Mithilfe einer Reihe von Kollegen und Institutionen ediert und herausgegeben werden. Mein Dank gilt zuerst dem Direktor des Stadtarchivs Berlin, Herrn Dr. Werner Gahrig, der die Quelle großzügig für die Edition zur Verfügung stellte.
Frau Christa Schölzel trug einen großen Teil der Wort- und Sacherklärungen zusammen und stellte die maschinenschriftlichen Manuskripte der verschiedenen Textfassungen her. Herr Kurt Gaede betrieb die Nachforschungen zur Familiengeschichte der Familie Heyde in den Kirchenbüchern. Beiden Kollegen sei herzlich gedankt. Frau Dr. Erika Herzfeld hat mir mit zahlreichen Bildhinweisen geholfen. Herr Professor Dr. Dieter B. Herrmann, Direktor der Archenhold-Sternwarte, gab Auskünfte zu den astronomischen und auch astrologischen Passagen der Chronik. Herrn Professor Dr. Ingo Materna danke ich für die hilfreichen Hinweise in seinem Gutachten.
Mein Dank gilt auch dem Akademie-Verlag, der die Publikation in sein Programm übernahm und sie in jeder Weise förderte. Danken möchte ich hier vor allem der Lektorin Frau Regina Thurner, die sich mit viel Mühe und Engagement um die Bildvorlagen kümmerte, dem Graphiker Herrn Bernd Meier, der die Gesamtgestaltung des Buches besorgte und der Fotografin Frau Margret E. Hamann.
Dank statte ich schließlich gern all den Institutionen ab, die uns bei der Beschaffung der Bildvorlagen unterstützten.

Berlin, im Juni 1986 — Helga Schultz

Anmerkungen

1 *Stadelmann, R./Fischer, W.:* Die Bildungswelt des deutschen Handwerks um 1800, Berlin (West) 1955.
2 *Consentius, E.* (Hrsg.): Meister Johann Dietz erzählt sein Leben, Ebenhausen 1915.
3 *Braeker, U.:* Das Leben und die Abenteuer des Armen Mannes in Tockenburg, hrsg. v. A. Willbrandt, Berlin 1910.
4 *Klöden, K. F.:* Von Berlin nach Berlin. Erinnerungen 1786—1824, hrsg. v. R. Weber, 2. Aufl., Berlin 1978.
5 Stadtarchiv Berlin: Bestand Amtsbücher, HS 117, Das sogenannte Stammbuch des Bäckers Johann Friedrich Heyden.
6 *Friedlaender, E.* (Hrsg.): Berliner Garnison-Chronik, zugleich Stadt-Berlinische Chronik für die Jahre 1727—1739, Berlin 1873.
7 *Holtze, F.* (Hrsg.): Chronistische Aufzeichnungen eines Berliners von 1704—1758, in: Schriften des Vereins für die Geschichte Berlins, H. 36, 1899, S. 95—114.
8 Zentralstelle für Genealogie, Leipzig: Kirchenbücher der Gemeinde Dorotheenstadt, Filmkopien.
9 *Kaeber, E.* (Hrsg.): Die Bürgerbücher und die Bürgerprotokollbücher Berlins 1701—1750, Berlin 1934. — *Gebhardt, P.* (Hrsg.): Die Bürgerbücher von Cölln 1508—1611 und 1689—1709 und die chronikalischen Nachrichten des ältesten Cöllner Bürgerbuchs 1542—1610, Berlin 1930. — *Ders.:* Das älteste Berliner Bürgerbuch 1453—1700, Berlin 1927.
10 *Richter, W.:* Berliner Schulgeschichte. Von den mittelalterlichen Anfängen bis zum Ende der Weimarer Republik, u. Mitw. v. M. Richter hrsg. u. bearb. v. M. Klewitz u. H. Ch. Berg, Berlin (West) 1981, S. 25.
11 *Rachel, H.:* Das Berliner Wirtschaftsleben im Zeitalter des Frühkapitalismus, Berlin 1931, S. 235.
12 *Lüdicke, R.:* Geschichte der Berliner Stadtgrundstücke seit der Einführung der Grundbücher Ende des 17. Jahrhunderts. Nach den Hypotheken und Grundbüchern. Berliner Häuserbuch, Teil 2, Bd. 1, Berlin 1933.
13 *Kaeber, E.:* S. 134—140.
14 Siehe *Imhof, A. E.:* Die gewonnenen Jahre, München 1981.
15 *Kuczynski, J.:* Geschichte des Alltags des deutschen Volkes. Studien, Bd. 2: 1650—1810, Berlin 1981, S. 189—191.
16 *Kolbe, E.:* Geschichte der Bäcker-Innung zu Berlin, Berlin 1917, S. 40—44.
17 *Mittenzwei, I.:* Preußen nach dem Siebenjährigen Krieg. Auseinandersetzungen zwischen Bürgertum und Staat um die Wirtschaftspolitik, Berlin 1979, S. 241—243.
18 *Dies.:* Friedrich II. von Preußen. Eine Biographie, Berlin 1979, S. 209—211.
19 *Goethe, J. W. v.:* Faust. Eine Tragödie. Erster Teil, Berliner Ausgabe, Bd. 8, Berlin—Weimar 1965, S. 176.
20 *Gaude, W.:* Die alte Apotheke. Eine tausendjährige Kulturgeschichte, Leipzig 1979, S. 153.

Das Haus des Bäckermeisters Johann Friedrich Heyde in der Mittelstraße 27, Foto von Albert F. Schwarz, 1887

A. Gottschalk Nachf. P. Nagel
A. Gottschalk Nachf. P. Nagel
Specialität
Zucker Thee

Aufzeichnungen

des Berliner Bäckermeisters
Johann Friedrich Heyde
1740 bis 1786

Familiäres

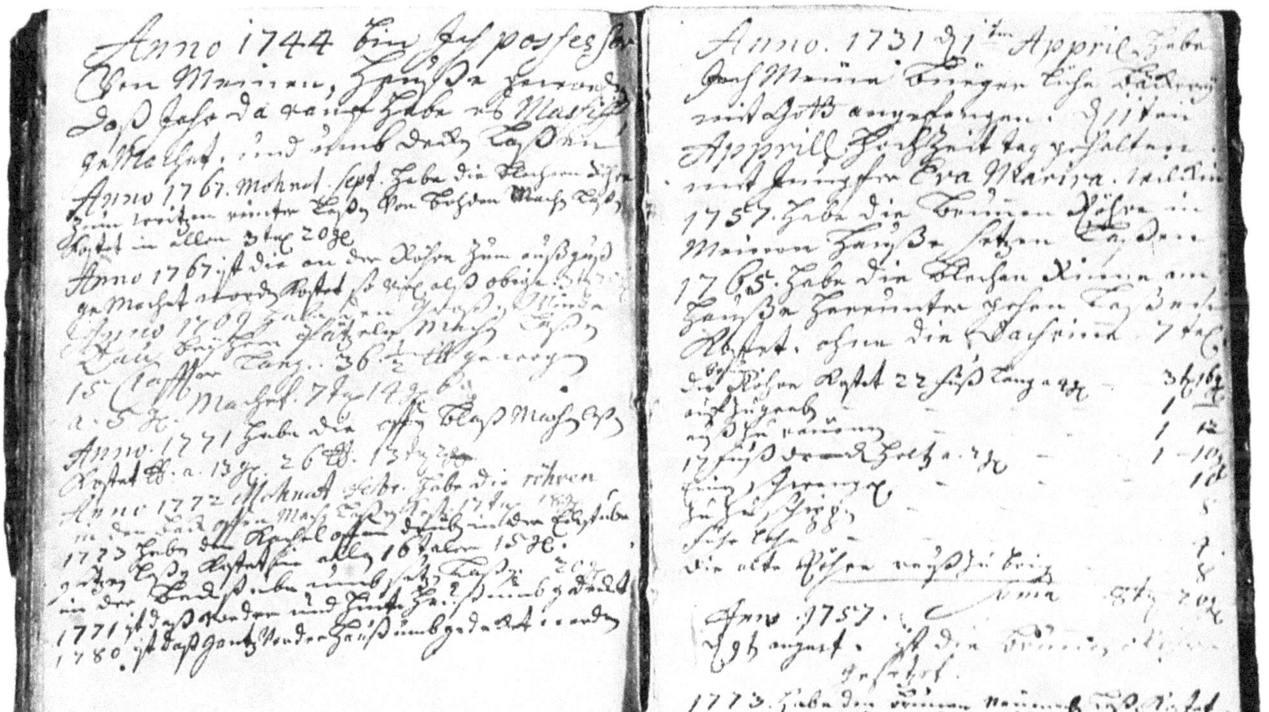

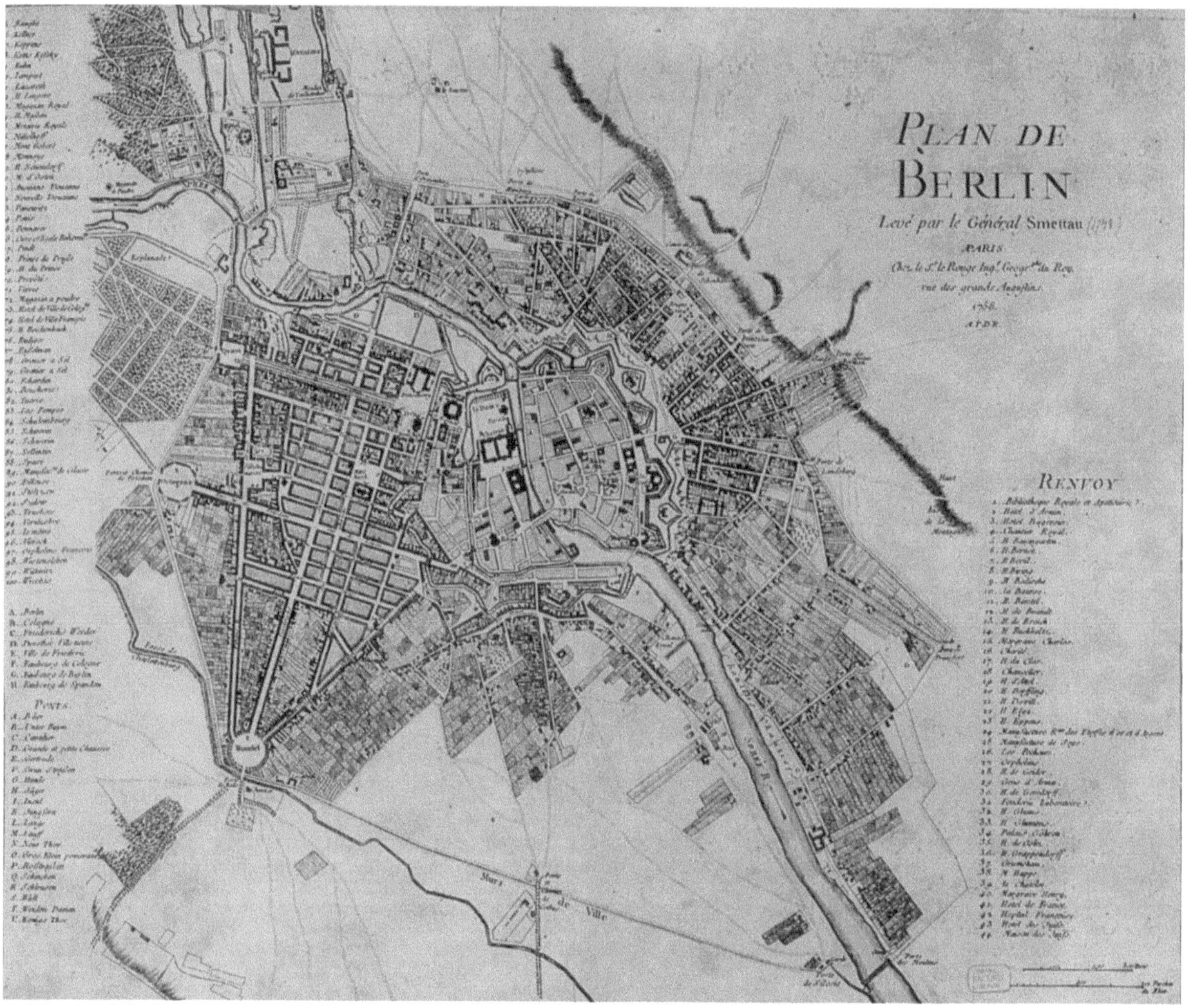
PLAN DE BERLIN
Levé par le Général Smettau
PARIS
rue des grands Augustins
APDR
RENVOY
PONTS

Anno 1731 den 1ten April habe ich meine bürgerliche Bäckerei mit Gott angefangen, den 11ten April Hochzeit Tag gehalten mit Jungfer Eva Maria Wilckin.

Der Chronist gibt die Tierkreiszeichen mit mehrmonatigen Abweichungen — ohne für uns erkennbares System — an.

Anno 1732 den 28ten Juni ist mein Söhnlein zur Welt geboren, und darauf den 3ten Juli getauft in der Dorotheen Kirche und ihm der Name gegeben Johann Gottfried. Die Paten seind gewesen mein Herr Vater, der Herr Baron von Putlitz, Herr Hanіß, Herr Rohde, Herr Woldermann, die Frau Knapin, die Frau Salbachen, die Frau Schötzen. Das Himmels Zeichen ist gewesen die Jungfer. Gott segne Anfang, Mitte und Ende. Der Roggen gilt 12 Groschen der Weizen 1 Taler.

Anno 1734 den 22. Februari Montages frühe zwischen 7 und 8 Uhr ist unser Töchterlein zur Welt geboren und darauf den 25ten in der Dorotheenstädtischen Kirche zur Heiligen Taufe gebracht, und ihr den Namen gegeben Maria Scharlotta. Die Paten seind gewesen Herr Woldermann Bürger und Pfefferküchler, Herr Zülcher Bürger und Weißbäcker, mein Bruder, Frau Rohden, Frau Heydin und Frau Heyden meine Stiefmutter. In Zeichen der Waage. Gott gebe seinen Segen zur Erziehung. Der Roggen gilt 18 Groschen der Weizen 23 Groschen.

Anno 1736 Donnerstages den 2ten Februari morgens zwischen 4 und 5 Uhr ist mein Söhnlein zur Welt geboren und darauf den 7ten in der Dorotheenstädtischen Kirche zur Heiligen Taufe gebracht und ihm den Namen gegeben Johann Friedrich. Die Paten seind gewesen mein Vater, des Vaters Bruder Martin Heyde, Rohde, Herr Heyde, die Frau Rohden als Grosmutter, die Frau Zilchern. Im Zeichen der Waage. Der Roggen gilt 22 Groschen der Weizen 26 Groschen. Gott gebe Gnade und Segen zur Erziehung.

Anno 1738 Sonntages Nachmittage zwischen 7 und 8 Uhr den 10ten Augusti ist mein Söhnlein Christian Friedrich zur Welt geboren und darauf den 14ten dato zur Heiligen Taufe gebracht durch Herrn Woldermann, Herr Christian Heyde und Herr Martin Heyde welcher ihm über der Taufe gehalten, Herr Schötz, Frau Jüsicken, Frau Roden und Jungfer Salbachen, ge-

1740 war mit einer Mitteltemperatur von 5,4 °C das kälteste Jahr seit Beginn der regelmäßigen Messungen in Berlin 1719. In ganz Europa war es eines der kältesten Jahre unseres Jahrtausends. Der Winter dauerte von Oktober 1739 bis Mitte Juni 1740; am 13. Juni trat der letzte Frost auf, und noch im April waren die Brunnen gefroren.

taufet in der Dorotheen Städtischen Kirche. Im Zeichen der Zwilling. Gott gebe seinen Segen zur Erziehung. Der Roggen gilt 19 Groschen der Weizen 1 Taler.

Anno 1740 Sonnabens frühe zwischen 6 und 7 Uhr als den 1ten October ist meine Tochter zur Welt geboren und darauf den 6ten in der Dorotheen Städtischen Kirche zur Heiligen Taufe gebracht. Die Paten seind gewesen mein Herr Vater, Herr Schötz, die Frau Rohden, die Frau Woldermannen und die Frau Christian Heyden. Der Name wird ihr gegeben Anna Sophia. Das Himmels Zeichen war der Wassermann. Im Jahr da Ihro Königliche Magistät Friedrich der 2te die Regierung antrat. Der Roggen gilt 1 Taler 15 Groschen der Weizen 2 Taler 12 Groschen weil selbiger ganz außen geblieben wegen des großen Winters der bei Menschen Leben noch nicht gewesen. Gott gebe seinen Segen zur christlichen Erziehung.

Anno 1742 Sonntages den 6ten Augusti zwischen 12 und 1 Uhr Mittages ist mein Sohn Gottfried zur Welt geboren. Das Him-

Weißbäcker-Siegel aus Berlin, Abdruck, 18. Jahrhundert

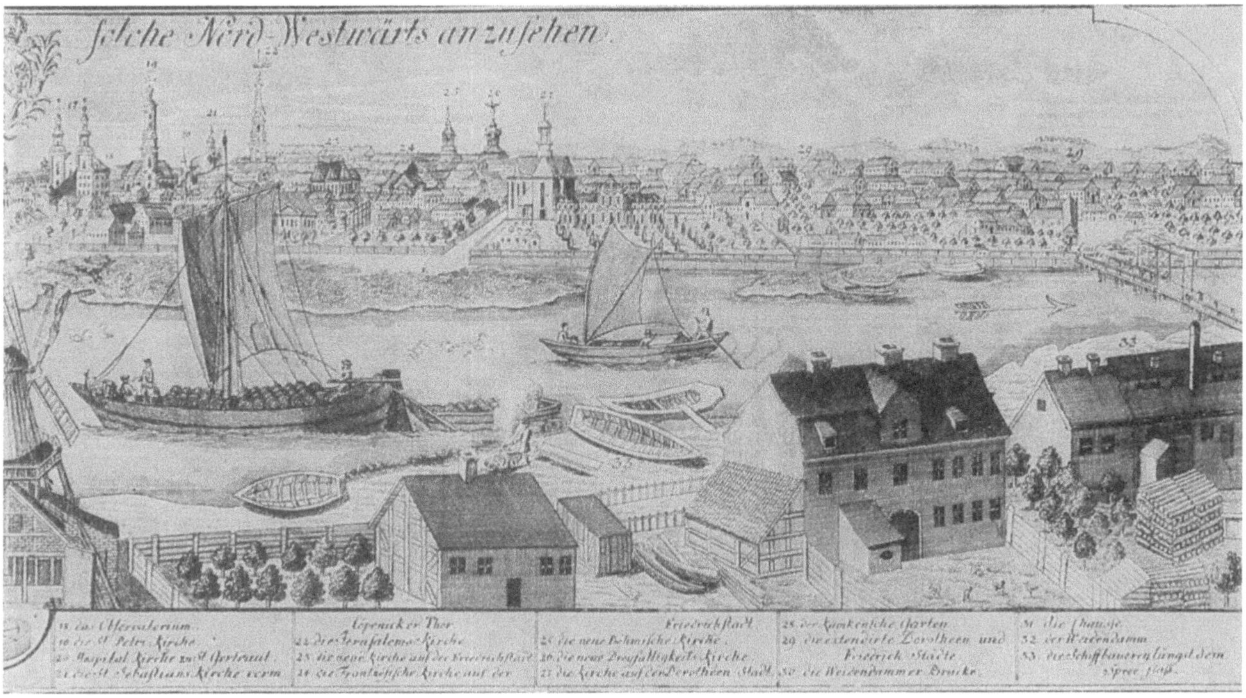

mels Zeichen die Waage, und dabei den Donnerstag als den 10ten Augusti in der Dorotheenstädtischen Kirche zur heiligen Taufe gebracht. Die Paten Herr Woldermann, Herr Zilcher, Herr Brast und die Frau Rohden, die Frau Martin Heyden. Gott gebe seinen Segen zur christlichen Erziehung. Der Roggen gilt 12 Groschen der Weizen 1 Taler 8 Groschen, auch ist dieses Jahr im Monat Juni der erwünschte Friede mit der Königin von Ungarn [Maria Theresia, Erzherzogin von Österreich und Königin von Ungarn und Böhmen] getroffen nach der blutigen Battalge welche in Böhmen bei Zaslow geschehn, im vorige Jahr im Monat April bei Mollietz in Schlesien. Gott hat unsere beiden Armeen den Sieg verliehen.

Anno 1744 bin ich possessor von meinen Hause geworden. Das Jahr darauf habe es massiv gemachet und umb decken lassen.

Anno 1745 Sonntages den 21ten Februari ist mein Söhnlein zur

Prospekt der Dorotheenstadt, Randbild des Plans und Prospekts der Königl. Preussischen und Brandenburgischen Haupt- und Residenzstadt Berlin, Stich von Georg Paul Busch nach Johann Friedrich Walther, 1737—1748

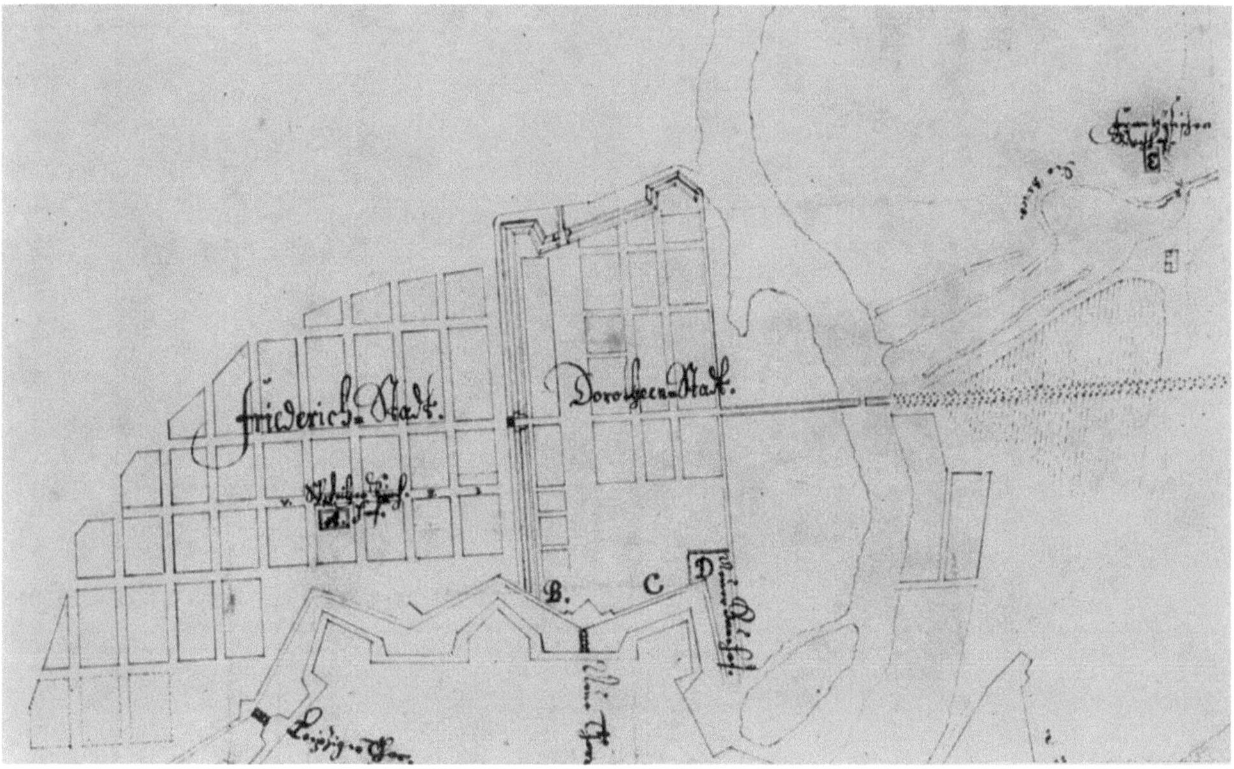

*Plan der Dorotheen-
und Friedrichstadt,
Federzeichnung, um 1700*

*Die deutsch-französische
Kirche in der Dorotheenstadt,
Kupferstich von
Johann David Schleuen,
um 1760*

Welt geboren, das Zeichen in Scorpion, des Morgens zwischen 8 und 9 Uhr und darauf Freitags den 26ten dato in der Dorotheen Städtischen Kirche zur Heiligen Taufe gebracht. Die Paten seind gewesen meine Frau Stiefmutter, Musge [Monsieur] Rode und Herr Schultze und die Frau Wilcken. Der Roggen gilt 1 Taler 4 Groschen der Weizen 1 Taler 8 Groschen. Gott gebe seinen Segen zur Erziehung. Dieses Jahr den 4ten Juni geschahe die blutige Batalge mit den Sachsen und Estreichern wider uns welche wir mit Gott und unsern Waffen abgesieget bei Kesselstorf auch vorher bei [Hohen]frieden[berg], bei Sor in Böhmen. Sein Name Christian Bernhard.

Anno 1748 Donnerstag im Zeichen des Stiers abens zwischen 10 und 11 Uhr ist mein Sohn zur Welt geboren und darauf den 23ten Juli in der Dorotheen Städtischen Kirche zur Heiligen Taufe gebracht durch Herr Bernhard Rohden, Herr Woldermann, Herr Wilcke als meiner Frau ältester Bruder, meine Frau Mutter und die Frau Kuchen als meiner Frau Schwester und ward ihm der Name gegeben Heindrich Wilhelm. Gott laß ihm fromm und gesegnet erwachsen. Dieses Jahr ward der Friede tractiert mit Frankreich, Östreich, Holland und Engeland, doch waren noch in währende Friedens Tractat 36000 Mann Russen in vollen Marsch nach den Rhein, was hierauf noch erfolgen wird die Zeit lehren. Auch ward den 25ten dato die große Sonnen Fünsternis von 11 Uhr Mittages bis nach Mittage 2 Uhr zu sehen. Der Roggen gilt 1 Taler 2 Groschen der Weizen 1 Taler 10 Groschen.

1751 den 24ten Juli starb mein Vater in 80ten Jahr.

1751 den Monat Novembris starb die Frau Groß Mutter Rohdin ins 93te Jahr ihres Alters.

1752 im Monat Januari starb die Frau Rohdin.

1754 den 6ten Februari wurde mir Johann Fr. Heyden das Ober Kirchen Vorsteher Ambt vom Herrn Präsident Kircheisen [Polizeidirektor und Stadtpräsident Karl David Kircheisen] aufgetragen, Dorotheenstädtisch lutherischer seits auch reformierter seits.

Bäckermeister und deren Angehörige unter den Paten waren sicher:
Friedrich Woldermann (Bürger 1718) und seine Frau;
Jochen Heinrich Salbach (Bürger 1732) und seine Frau und seine Tochter;
Joachim Friedrich Schötz (Bürger 1732) und seine Frau;
Benjamin Brast (Bürger 1730);
Christian Friedrich Schultze (Bürger 1736).
Zugleich zum Gewerk und zur Familie gehörten:
Der Halbbruder Daniel Zilcher (Bürger 1722) und seine Frau;
der Onkel Martin Heyde (Bürger 1706) und seine Frau;
die Vettern Christian Friedrich Heyde (Bürger 1738) und Martin Friedrich Heyde (Bürger 1737) und ihre Frauen;
der Schwiegervater Michael Wilcke und seine Frau;
der Schwager Johann Michael Wilcke.

Die ringförmige Sonnenfinsternis des Jahres 1748 war in Berlin am 15. Juni zu beobachten. Der Chronist benutzte offenbar in diesem Falle noch den seit 1701 in Preußen abgeschafften Julianischen Kalender. Die späteren chronikalischen Eintragungen Heydes sind nach dem Gregorianischen Kalender und fast stets exakt datiert.

Kleidertracht der Berliner Prediger, Kupferstich von Daniel Chodowiecki

Der Oberkonsistorialrat Nathanael Baumgarten (1717—1762) war zunächst Konrektor am Berlinischen Gymnasium zum Grauen Kloster, seit 1741 Prediger an der Dorotheenstädtischen Kirche. Er war eine der herausragenden Gestalten der lutherischen Orthodoxie in Berlin. Seine Witwe, eine geborene von Pavlowsky, stiftete später ein Stipendium für die Söhne der lutherischen Prediger an der Dorotheenstädtischen Kirche.

Die Herren Prediger waren zu der Zeit:
Der Herr Ober Konsistorial Rat und Inspector Baumgarten.
Der Herr Böhme als zweiter Prediger.
Der Herr Schröder als Früh Prediger und adjunctus.
Reformierter seits:
Der Herr Bernhardt, erster Prediger.
Der Herr Wiedekindt, zweiter Prediger.
Der Herr Krämer als dritter und Frühe Prediger.
Französische Prediger:
Mossie Mussong und Mossie Dü Comble.
Der Kirchen Vorsteher französischer seits mit Namen Mossie Mulge, ein Doctor.
Die Säckel Herrn [Rechnungsführer] waren Herr Kühnemann, Herr Bornemann.
1754 wurde meine älteste Tochter Maria Scharlotte mit Mossie Christgan Fibelkorn eingesegnet den 20ten Juni. Gott segne sie.
1754 den 7ten Mai reisete mein Sohn Johann Friedrich in der Frembde.
1757 habe die Brunnen Röhre in meinen Hause setzen lassen.
1765 habe die blechen Rinne am Hause herunter gehen lassen. Kostet ohne die Dachrinne 7 Taler.

Das traditionelle Berliner Gesangbuch von Johann Porst in der umstrittenen revidierten Ausgabe von 1780

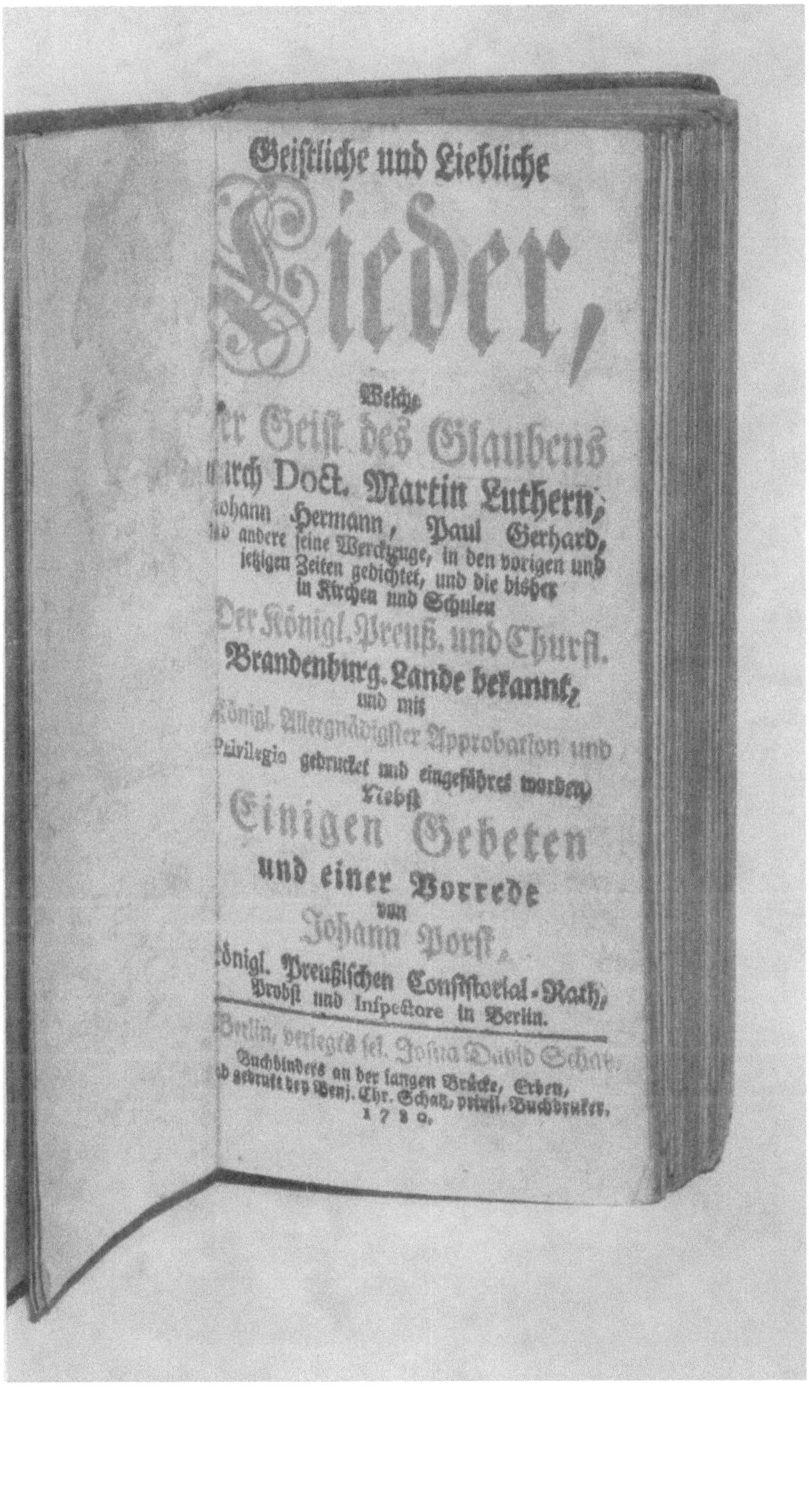

Spielzeugverkäufer vor der Königlichen Akademie, Kupferstich von Johann Carl Wilhelm Rosenberg, um 1780

In der Kinderstube, Radierung von Daniel Chodowiecki, um 1763

Friedrichsdor, Berlin, 1768

Die Brunnen Röhre kostet				
22 Fuß lang a 4 Groschen	3	Taler	16	Groschen
auf zu graben	1	»	—	
aus zu räumen	1	»	12	»
17 Fuß drucken Holz				
a 2 Groschen	1	»	10	»
einen Schwengel	—		10	»
zu zu schippen	—		8	»
Fuhrlohn	—		4	»
die alte Röhre raus zu bringen	—		8	»
Summa	8	Taler	20	Groschen

Anno 1757 den 9ten Augusti ist die Brunnen Röhre gesetzet.
1759 wurde meine Tochter Anna Sophia mit Mossie Zechmeister Bürger und Kaufmann ehlich eingesegnet den 26ten Januari. Gott segne sie.
Anno 1761 im Monat April ist mein Sohn Johann Friedrich aus der Frembde gekommen. Ist auch selbigen Monat Meister geworden. Kostet mir in allen 119 Taler 22 Groschen, Burger Recht 5 Taler.
Anno 1762 den 18ten Juni ist mein Sohn Gottfried in der Frembde gegangen den Gott begleiten wolle.
Anno 1763 hat mein Sohn die Brau Nahrung angetreten mit Anfang des Jahres. Gott segne ihm in seinen ganzen Leben.
N[ach] B[emerkung]: und hat ihm hierzu seiner Schwester Mann Herr Fibelkorn darzu verholfen und alles über geben.
1763 wurde mein ältester Sohn Johann Friedrich ehelich eingesegnet mit Jungfer Maria Goldhammer den 30ten Juni.
Anno 1766 den 8ten Januari ist mein Sohn Wilhelm Heinrich unter den zweiten Feld Regiment Artillerie unter des Capiteen Rees Compagnie gegangen. Aus eigener Lust.
Hat gedienet 13 Monat, ist aus Bitte befreiet. Den 15ten Juni reisete Heinrich Wilhelm in der Frembde 1767, den Gott geleite im Segen.

Das 2. Regiment des Feldartilleriekorps war erst 1762 gegründet. Es hatte seine Kasernen in der Oranienburger Straße. Berliner waren von der Militärpflicht befreit. Ob den Bäckersohn die schmucke Uniform (blaue Röcke mit gelben Knöpfen und blaßgelben Westen), die mächtige Technik oder einfach die Abenteuerlust verlockt hat?

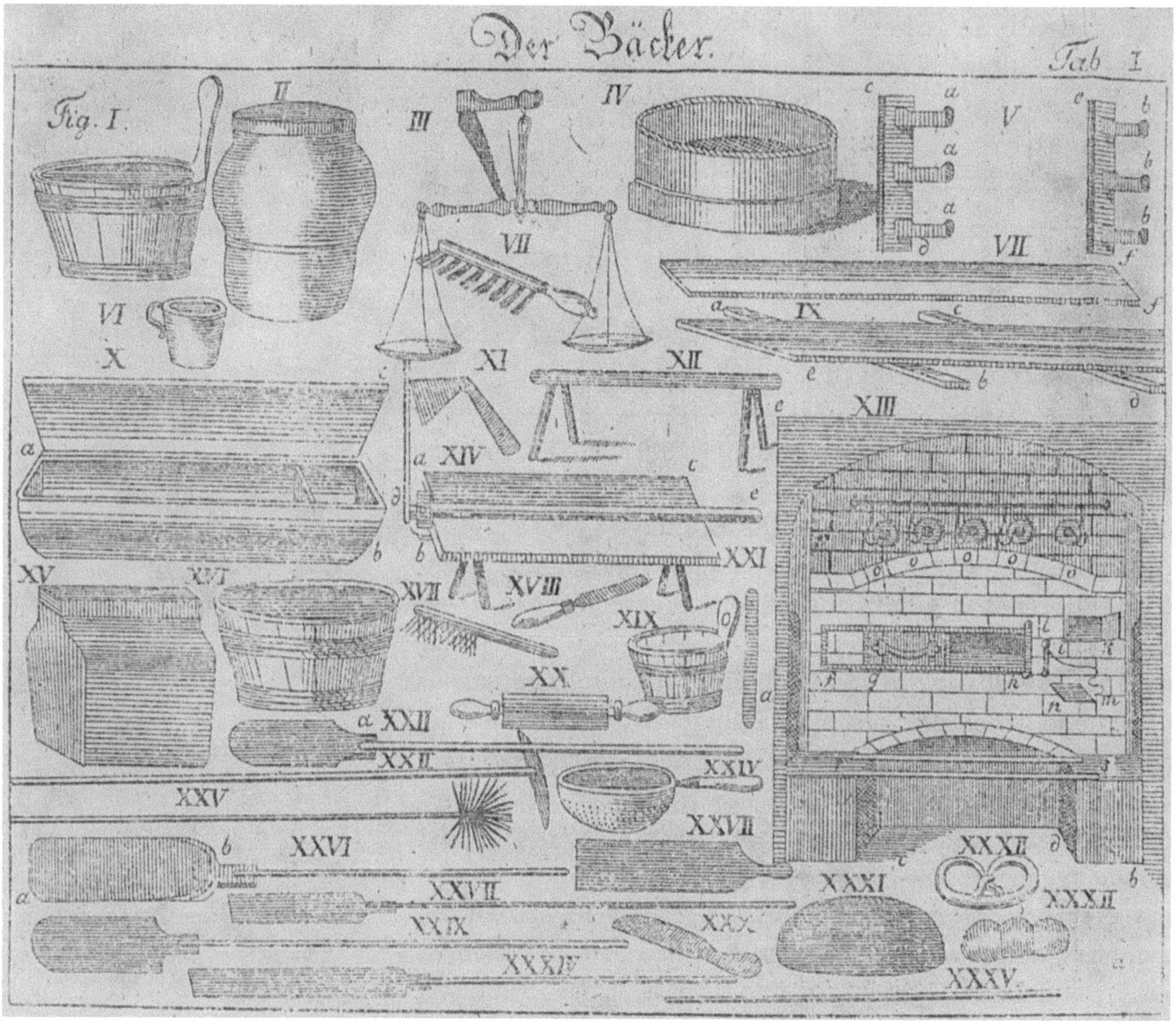

Handwerkzeuge des Bäckers,
Stich aus Peter Nathaniel
Sprengels Künste und Handwerke
in Tabellen, herausgegeben
in Berlin 1778—1794

Bäckerladen,
Kupferstich von Johanna Dorothea Philippin, 1766

Anno 1767 Monat September habe die blechern Röhre zum Weizen runter lassen von Boden machen lassen. Kostet in allen 3 Taler 20 Groschen.

Anno 1767 ist die ander Röhre zum Ausguß gemachet worden, kostet so viel als obige, 3 Taler 20 Groschen.

Anno 1769 habe den großen Winden Tau bei Herrn Pätzeln machen lassen 15 Klafter lang. 36½ Pfund gewogen a 5 Groschen, machet 7 Taler 14 Groschen 6 Pfennig.

Anno 1770 im Monat Augusti ist mein Sohn Gottfried aus Westindien gekommen uber Holland. Ist Meister geworden den 17. Octobris 1770, das Meisterstück gebacken bei Meister Jänack, 2¼ Scheffel Roggen, 3¼ Scheffel Weizen Mehl, kostet 119 Taler in allen.

Anno 1770 im Monat Augusti ist mein Sohn Heinrich Wilhelm aus der Frembde gekommen, Meister geword[en] 1772, kostet mir ein hundert 22 Taler, bei Meister Haseloff gebacken in Cöllen.

Anno 1770 den 25ten October wurde daß letzte Gebot auf der Stein Mehl Pacht [Steinmühlen-Pacht] getan mit 900 Taler durch [Johann Friedrich] Heyden, [David] Goldhammer und

Westindien war dem Chronisten offenbar nicht nur der Inselbogen zwischen Karibischem Meer und Atlantik, sondern ganz Nord- und Mittelamerika.

Möglicherweise war dies die große Grütz- und Mehlmühle nach holländischer Art, die der Manufaktur- und Münzunternehmer Veitel Heine Ephraim 1764 vor dem Halleschen Tor bauen ließ. 1783 kaufte sie der Bäckermeister Goldhammer endgültig.

Zinn- Walzenkrug der Berliner Bäcker mit großem Emblem und graviertem Deckel, 1746

Backmodel aus Berlin, 18. Jahrhundert

[Johann Christian] Wittich [und Hermann Georg] Kuhlmann, und uns zugeschlagen auf 6 Jahr.
[folgender Absatz durchgestrichen, da irrtümlich:]
1771 den 5. Marti ist mein Sohn Johann Friedrich Heyde ausgetreten. Hinter lässet 3 Kinder, 1 Sohn, zwei Töchter, wo nicht noch eins im Verborgen ist. Sein Alter ist 35 Jahr die Frau ist grafit [schwanger].

Meine 3 Söhne Meister Recht und jeden 400 Taler Bargeld:

Johann Friedrich	519 Taler 22 Groschen
Gottfried	519 Taler
Heinrich	522 Taler
Summa	1560 Taler 22 Groschen

Anno 1771 habe die Ofen Blas machen lassen, kostet Pfund a 13 Groschen, 26 Pfund: 13 Taler 2 Groschen.
Anno 1772 Monat Februar habe die Röhren in den Backofen machen lassen, kosten 1 Taler 18 Groschen.
1773 habe den Kachel Ofen drüben in der Eckstube setzen lassen, kostet in allen 16 Taler 15 Groschen.
In der Backstube umbsetzen lassen 20 Groschen.
1771 ist das Vorder und Hinter Haus umb gedecket.
1772 den 30ten April wurde mein Sohn Heinrich Wilhelm mit Frau Sophia Dorothea, Wittwe Goldammern, geborne Schneiderin, ehelich eingesegnet. Gott segne sie.
1773 den 22ten Januari wurde mein Sohn Gottfried Heyde mit Maria Lovise Kuchin eingesegnet zur Ehe. Gott segne sie in ihren ganzen Leben.
1773 wurde Jungfer Fibelkorn mit Mossie Büttenern eingesegnet den 10ten Juni durch den Prediger Herrn Büttener, die Gott segne in ihren ganzen Leben.
1773 habe den Brunnen neumachen lassen. Kostet die Röhre, Brücke, Fuhrlohn 10 Taler 14 Groschen.

Die umfangreichen Modernisierungsarbeiten an Wohnhaus und Backstube in den Jahren 1771 bis 1773 fielen in die Zeit einer schweren Hungersnot, die den Geschäften des Chronisten offenbar nicht schadete. Obwohl das Wohnhaus nur zweistöckig war, bot es mit mehreren beheizbaren Wohnräumen viel mehr Platz und Komfort als eine durchschnittliche Berliner Handwerkerwohnung, die aus Stube, Küche und beheizbarer Kammer bestand. Der Brunnen zur eigenen Wasserversorgung war für die Bäckerei besonders wichtig.

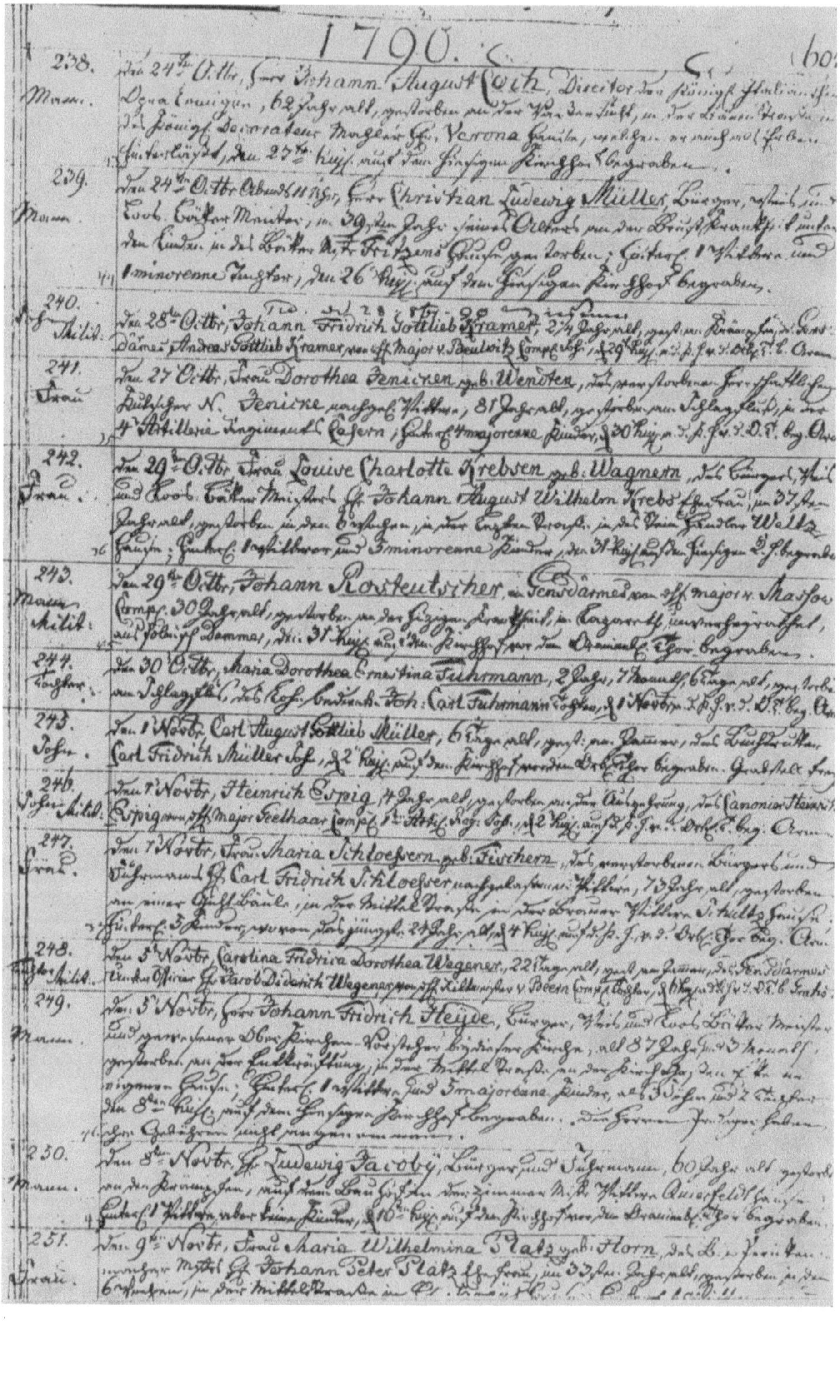

Seite aus dem Kirchenbuch der Dorotheenstädtischen Gemeinde mit der Eintragung über die Beerdigung des Johann Friedrich Heyde

1775 im Monat Januari brachte die junge Büttnerin einen Sohn zur Welt. Er wurde den 16ten getaufet wobei ich als Ur Elten Vater Pate gewesen. Das zweite Jahr 77 wieder ein Ur Enkel, das 79te eine Enkelin Tochter. 1780 wurde Louise Friederike Fibelkorn mit Mossie Hoffmann Bürger und Glaser Meister eingesegnet.

1775 den 7ten Juni starb Herr Fiebelkorn an einer Auszehrung im 42ten Jahre Ruhmes voll.

1780 ist das ganz Vorder Haus umb gedecket worden.

1782 den 7ten November starb Herr Zechmeister im 53ten Jahre seines Alters.

[Eintragung des Sohnes:]

Anno 1801 den 13ten April gestorben ist meine Mutter Eva Maria Heyden. O wie selig seid ihr doch ihr Frommen die ihr durch den Tot zu Gott gekommen.

Amen 1801.

Anno 1790 ist mein Vatter gestorben.

Chronik

Was sich seit Anno 1740 allhier in Berlin
und sonsten in unsern Lande zugetragen
auch sonsten andern Seltenheiten
von mich Johann Friedrich Heyde
aufbehalten worden wie folget:

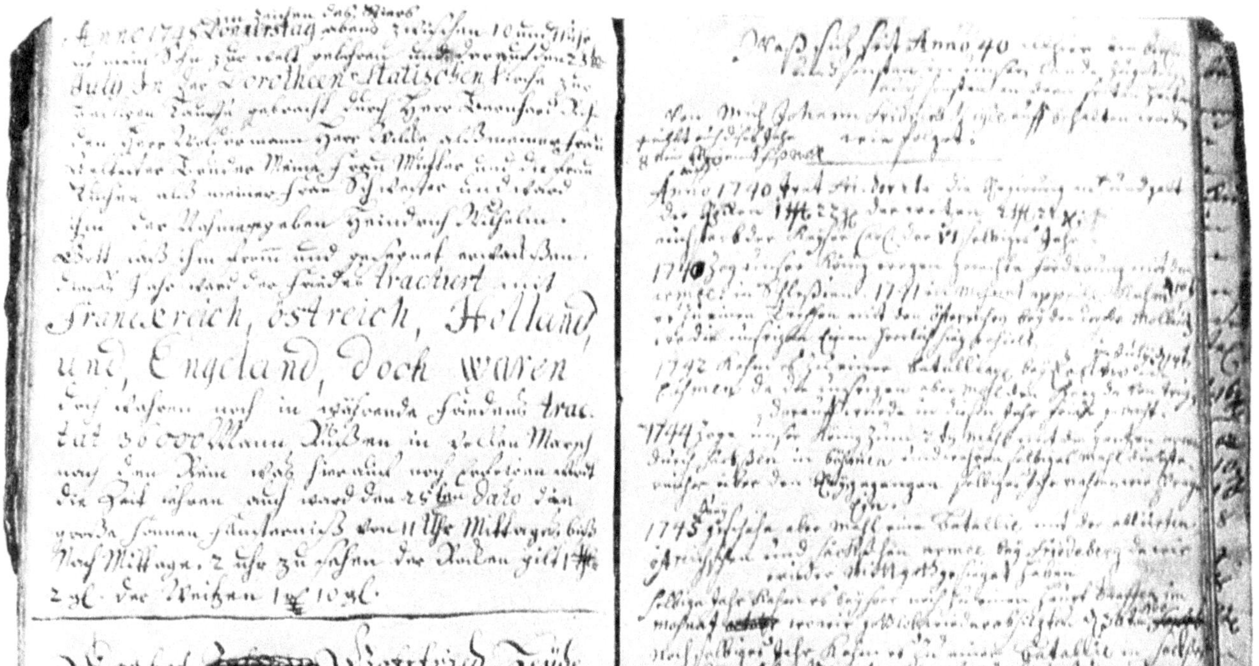

Öffnung der Brotmagazine für die hungernden Berliner anläßlich der Huldigung für Friedrich II. am 3. 8. 1740, Kupferstich von Johann David Schleuen

Anno 1740 trat Friedrich der 2te die Regierung an, richtet auch dieses Jahr 8 neue Regiment Fuß Volk auf, und galt der Roggen 1 Taler 22 Groschen der Weizen 2 Taler 22 Groschen, auch starb der Kaiser Karl der VI. [römisch-deutscher Kaiser] selbiges Jahr. 1740 zog unser König wegen gerechte Forderung mit der Armee in Schlesien [ein]. 1741 in Monat April kam den 10ten es zu einen Treffen mit den Österreichern bei den Dorfe Mollwitz wo die unsrigen einen herrlich Sieg erhielten.
1742 kam es zu einer Batallige bei Zaslow in Böhmen im Juli den 14ten da die unsrigen aber mal den Sieg da von trugen, darauf wurde in diesen Jahr Friede gemacht.
1744 zog unser König zum 2ten Mal mit der ganzen Armee durch Sachsen in Böhmen [ein] und waren selbiges Mal die Östereicher über den Rhein gegangen, selbiges Jahr nahmen wir Prage ein.
1745 Juni geschah abermal eine Batallie mit der alliierten östreichschen und sächschen Armee bei [Hohen]friedeberg da wir wieder mit Gott gesieget haben.
Selbige Jahr kam es bei Soor noch zu einen Haupt Treffen im Monat Octobris wo wir gottlob wieder obsiegten. Noch selbiges Jahr kam es zu einer Batallie in Sachsen bei Kesselsdorf den 15ten December da sie uns den Untergang oder den Garaus spielen wollten, aber das Unglück kam auf ihren Kopf und bekam unser König noch vor Weihnachten 1745 fast ganz Sachsen durch die gloriese Batallie bei Kesselsdorf ein, daß sich auch der König von Polen [August III., Kurfürst von Sachsen und König von Polen] mit seiner Gemahlin und Ministern retirieren mußten nach Prag.
Den 18ten wurde Dreeßen eingenommen worinnen unser König die Weihnachten auch das Neue Jahr celebrierete, in Monat Januari 1746 wurde der Friede mit Brandenburg, Österreich und Sachsen geschlossen in Dresden.
Anno 1748 war der Friede geschlossen mit Holland, Engeland, Spanien, Frankreich, auch die Reispublik Genua mit eingeschlossen, dieses geschahe nach der Eroberung von Bergen

Mit dem Tod Kaiser Karls VI. erlosch das Haus Österreich im Mannesstamm. Der preußische König erkannte die Nachfolge der jungen Maria Theresia nicht an und nutzte die Gelegenheit, »mit fliegenden Fahnen und Trommelschlag« in die reiche österreichische Provinz Schlesien einzufallen.

Friedrich II. an seinen Bruder: »Gott behüte uns vor einer zweiten so blutigen und mörderischen Schlacht wie bei Mollwitz.«
Kriegsentscheidend war die Schlacht bei Chotusitz-Kuttendorf am 17. Mai 1742, in der der preußische Sieg mit dem Tod 2000 eigener Soldaten und 1000 Österreicher erkauft wurde. Im Frieden von Breslau erhielt Preußen Ober- und Niederschlesien mit der Grafschaft Glatz.

Im Oktober 1744 eröffnete Friedrich II. den zweiten Schlesischen Krieg gegen Österreich.

Am Weihnachtstag 1745 mußte Österreich im Frieden von Dresden dem preußischen König den Besitz Schlesiens bestätigen und Sachsen sich zur Zahlung von 1 Million Talern »Kriegsentschädigung« verpflichten. Friedrich II. erklärte, »in Zukunft keine Katze mehr angreifen« zu wollen.

Schlacht bei Mollwitz am 10. 4. 1741, zeitgenössischer Kupferstich

Einmarsch preußischer Truppen in eine schlesische Stadt während des ersten Schlesischen Krieges, Kupferstich von Georg Friedrich Schmidt

Der am 25. 12. 1745 geschlossene Frieden zu Dresden — in der Mitte: die Kaiserin Maria Theresia, links: der Kurfürst von Sachsen und König von Polen August III., rechts: der König von Preußen Friedrich II., Kupferstich von Johann David Schleuen

Schöne Ehrenpforte vor der Linden-Allee, von den Bürgern der Dorotheenstadt anläßlich des Friedens zu Dresden am 17. 1. 1746 errichtet, Kupferstich von Johann G. Schmidt

[bei Frankfurt/Main], obschon doch waren in währenden Friedens Traktat noch 36000 Mann russische Völker in völligen Marsch, kamen auch würklich bis am Rhein, nach dem war Friede.

1753 war der Fürst von Köthen allhier zu Gaste worauf ihm der König zum General Lieutenant erklärete von dero Armeen.

1752 vermählete sich des Königes 2ter Herr Bruder Prinz Heindrich mit einer Prinzessin von Kassel, das Beilager wurde in Scharlottenburg [gehalten].

1752 wurde das Hochgerichte abgebrochen und weiter hinaus gebracht, und erster Ort bebauet. 1753 den 17ten Marti schnitte ein junger von 18 Jahr enrollierter [in die Regimentsrolle eingeschriebener] Kanonier einer Hure ins Bordell den Hals ab weil sie ihm Tages vorhero einen Tanz versagte.

1753 im Monat Juli war der König nach Preußen [gezogen] und hielt mit der ganzen Armee in Preußen Campemang [Kampagne — Feldlager] bei Königsberg bei den Vorwerk Kuhlhof.

Dito 53 hielte der König Campemang mit einer Armee von 42 tausend Mann bei Spandow im Monat Septembris wo der

Der Friede von Aachen beendete am 18. Oktober 1748 den Österreichischen Erbfolgekrieg, indem er die Thronfolge Maria Theresias anerkannte. Der Streit zwischen England und Frankreich um die nordamerikanischen Kolonien wurde jedoch nicht beigelegt.

Galgen, Rad und die Scharfrichterei vor dem Rosenthaler Tor im Norden der Stadt mußten 1752 verlegt werden, als der König die Arbeitervorstadt »Neu-Voigtland« für die sächsischen Bauleute errichten ließ.

Friedrich II. besucht die Berliner Paradeplätze, Kupferstich von Johann Michael Probst, um 1750

Herzog von Braunschweig sambt seinen Erb Prinz, auch der Erb Prinz von Almschbach [Ansbach] mit zugegen waren. Auch vermählet sich dieses Jahr 53 in Monat Novembris des Markgraf [Karl] Friedrich [Albrecht] von [Brandenburg-] Schwedt seine erste Prinzessin mit Prinz [Friedrich] Eugün von Wirttenberg, das Beilager wurde in Schwedt [gehalten]. Auch dieses 1752 im Monat Juli geschahe die Vermählung des Königs Bruder Prinz Heinrich mit einer Prinzeß von Hessen Kassel, das Beilager geschahe zu Scharlottenburg.

Seit 1754 verschärfte sich der Kolonialkrieg zwischen England und Frankreich um das Gebiet zwischen dem Ohio, den Großen Seen und dem Mississippi. Beide Seiten formierten auf der Suche nach Verbündeten in Europa die Koalitionen des Siebenjährigen Krieges.

1754

1754 den 7ten Mains reisete mein Sohn Johann Friedrich in der Frembde den Gott geleite.

Den 20ten Juni 1754 ist meine älteste Tochter, Maria Scharlotte Heyden eingesegnet zur Ehe mit Mossie Christigan Fibelkorn, Bürger und Brauherr allhier auf der Dorotheenstadt. Gott segne sie.

1755

Den 10ten Augusti 1755 bracht meine Tochter verehelichte Fibelkorn ihren ersten Sohn zur Welt. Christian Friedrich ward ihm der Name bei geleget. Gott gebe seinen Segen zur Erziehung.

In Jahr 1755 im Monat Augusti hatte der König wieder eine Armee bei Spandow versammlet von 13 Infanterie und 4 Cavallerie Regimenten. 6 Tage darauf in Schlesien bei Neiße und Breßlow 2 Armeen versammlet.

1755 kam es mit [zwischen] Engeland und Frankreich zu einen See-Krieg ohne ein Teil den andern an zu kündigen, doch hatte Engeland den Anfang gemachet und Frankreich auf einen hitzigen Gefechte durch den Admiral Boßcawen [Edward Boscawen] 2 Krieges Schiffe weg genommen. Was weiter erfolge wird die Zeit lehren.

Im Monat Juni kam es bei den Ohio Fluß mit den Franzosen und Engeländern zu einer Schlacht zu Lande und wurden die Engländer totaliter geschlagen. Dito noch zu einer abermaligen wo die Engländer obsiegeten.

1755 den 27ten September wurde Beilager des Königlichen jüngsten Herrn Bruder Ferdinand mit der zweiten Prinzeß des Markgraf Friedrich von Schwedt zu Scharlottenburg gehalten.

Im Monat Juli kam es mit den Engländern und Franzosen zu einer abermaligen Schlacht am Ohio Fluß in [West] Indien zum Sieg der Engländer.

Schloß zu Charlottenburg, Kupferstich von Johann David Schleuen, um 1780

1755 im Monat Dezember wurde ein liederliches Mensch von einen jungen Muskedier auf den Kirchhof über den Weiden Damm ermordet. Er wurde gerädert.
1755 den 1ten November wurde die große Stadt Lissabon durch ein Erdbeben in Grunde eingestürzet, der König selbst hat sich müssen retirieren auf den Felde, über 100000 Menschen waren erbärmlich unter den Schutte begraben.
Selbigen Tag in Sizilien alle Kirchen, Klöster und Häuser durch ein Erd Beben elend zu gerichtet, doch hatte Gott verhütet daß nicht mehr als 8 Menschen waren umbs Leben gekommen. 1755 den 1ten Novembris selbiges Jahr dieses Erdbeben bis 1756 in ganz Eropa zu hören gewesen. Den 21ten Decembris

J. W. Goethe schrieb in »Dichtung und Wahrheit«:
»Am 1. November 1755 ereignete sich das Erdbeben von Lissabon und verbreitete über die ... Welt einen ungeheuren Schrecken. ... Hierauf ließen es die Gottesfürchtigen nicht an Betrachtungen, die Philosophen nicht an Trostgründen, an Strafpredigten die Geistlichkeit nicht fehlen.«

Die Verwüstungen des Erdbebens von 1755 reichten bis nach Kalabrien, Kupferstich von Daniel Chodowiecki

Graf Erik Brahe und Baron Gustav Jacob von Horn waren Führer der probürgerlichen Partei des niederen Adels, der »Mützen«, die diesmal noch erfolglos gegen die aristokratischen »Hüte« putschte. In den sechziger Jahren gelang es den »Mützen«, die Macht zu übernehmen und Reformen zu fördern.

1756 starb mein Herr Gevatter Bernhard Rohde im 57ten Jahr seines Alters.
Den 28ten Decembris 1755 starb der Kantor Mohr bei dieser Dorotheenstädtischen Kirche und der Candidatus Mossie Roßkammer bekleidet die Stelle.

1756

Den 17ten Februari 1756 starb der Prediger reformierter seits Herr Wiedekindt an einer rasenden Krankheit, im Monat Januari 1756 starb mein Vetter Jacob Heyde an einer innerlichen Nieren Krankheit in 34ten Jahre seines Alters, hinterläßt 5 Söhne.
Den 27ten Juni ging die berühmte Festung das Fort Philipp auf der Insel Minorca [Menorca] an den Franzosen über 1756.
1756 hat der Roggen allhier zu Wasser [Wasserweg] 1 Taler 14 bis 15 Groschen der Weizen 1 Taler 20 Groschen gegolten, der Roggen so schlecht am Gewicht gewesen daß 36 Scheffel nicht mehr als 30 bis 31 Scheffel gewogen haben. Dieses Jahr golt der Roggen noch 2 Taler auch drüber mit den Weizen beinahe gleich, bisweilen noch über den Weizen Preis 2 Groschen.
1756 im Monat Juni geschahe in Stockholm ein großer Alarm mit den Landes Ständen [im Reichstag] und wurde ausgeleget als wollte man die Stände über den Haufen werfen. Wurde durch einen Unter Officier von der dasigen Garde verraten, darauf den 23ten der Graf [Erik] Brahe, der Ober Marschall Baron [Gustav Jacob von] Horn und 2 Kapitäns nebst 4 andern mit den Beile enthauptet wurden. Im Monat Juli.
1756 den 28ten Augusti marschierte der König mit der ganzen Armee aus den Lande gerades Weges in Sachsen [ein], weil die Östreicher abermal einen Einfall drohten durch Sachsen in hiesige Lande, mit Sachsen gemeinschaftliche Sache über uns agieren wollten. Den 1ten Octobris kam es mit der Königlichen Armee in Böhmen zu einer Haupt Bataille wo wir einen herr-

Graf Erik Brahe,
zeitgenössisches Gemälde

Auf den Putsch von 1756
geprägte Medaille

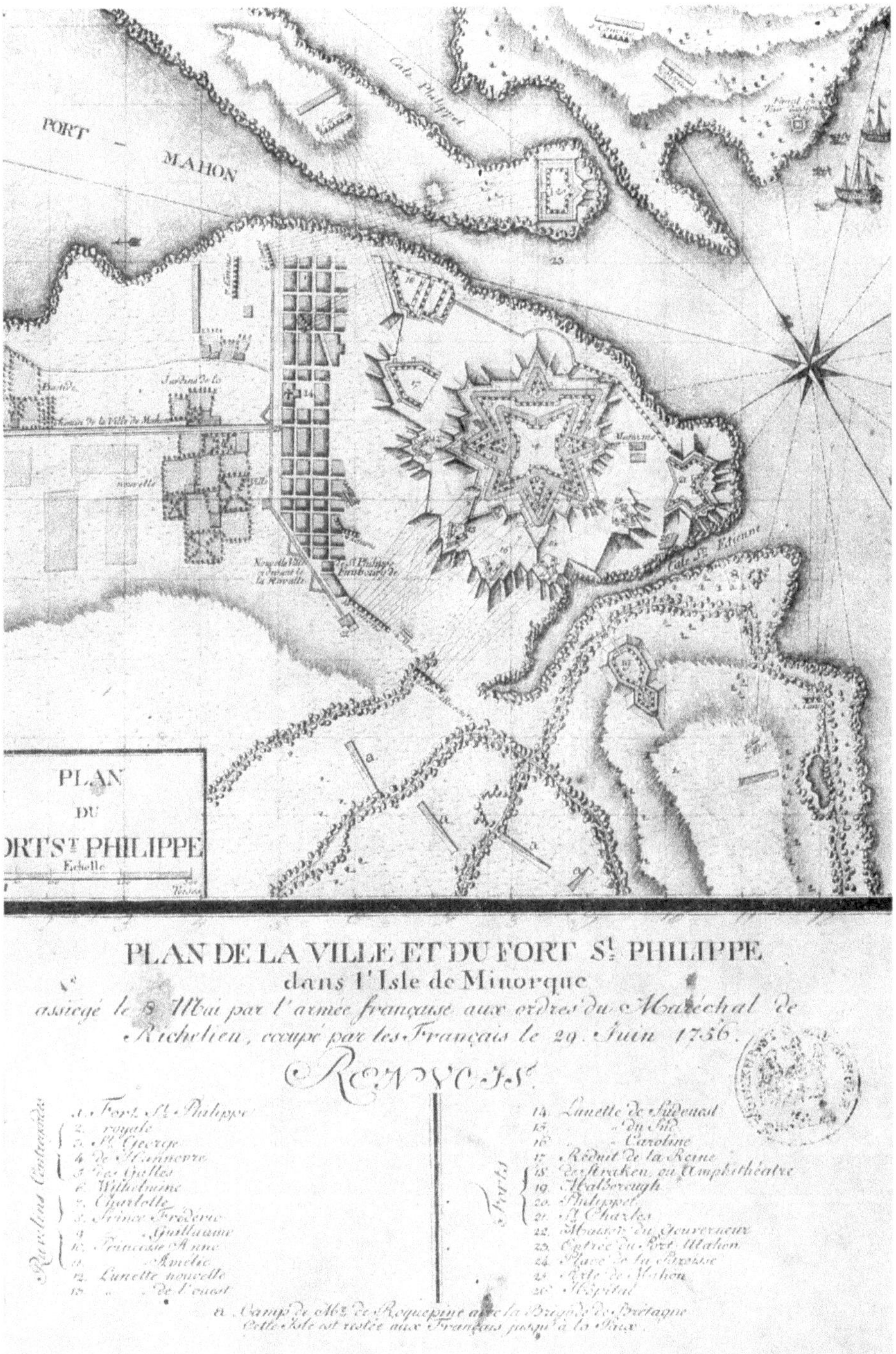

Plan des Fort St. Philippe zur Zeit der Seeschlacht bei Menorca 1756, Stich aus Les Plans de la guerre de Sept ans contenans les Batailles Combats Prises de Villes Camps, entworfen von L. Therbu, gestochen von Georg Joseph Cöntgen, herausgegeben in Frankfurt/Main, um 1770

Schlacht bei Lobositz am 1. 10. 1756, zeitgenössischer Kupferstich

Gefangennahme der sächsischen Armee bei Pirna 1756, zeitgenössischer Kupferstich

lich Sieg erhalten haben, in Böhmen bei Loboschütz, und hat dieses Gefechte gewährt von 7 Uhr Morgens bis Abend 4 Uhr. Nach dieser Bataille ergab sich die sächsche Armee aus ihren verschanzten Lager und mußte unsern König schwören.
Der König von Polen begab sich nach Warschow zum Reichs Tage und wir hatten uns ganz Sachsen bemeistert, außer Königstein blieb neutral.

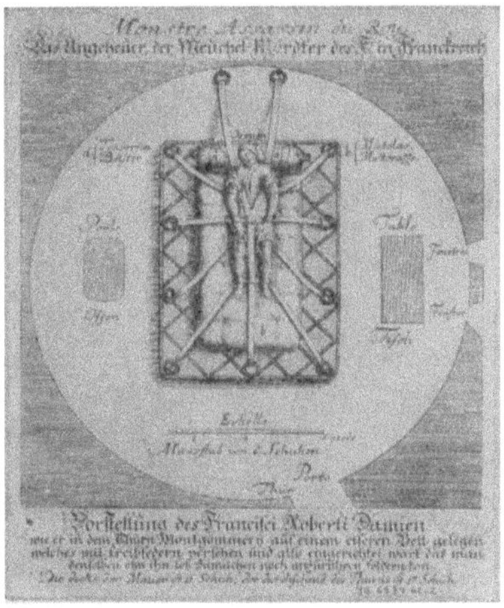

Der Attentäter des französischen Königs Ludwig XV im Gefängnis, zeitgenössischer Kupferstich

1757

1757 den 5ten Januari wurde der König von Frankreich Ludwig der 15te auf eine meuchel mördrisch Art des Abends zwischen 7 und 8 Uhr von einen Kerl in der Seite zur rechten gestochen, da denn der Stich nicht zum Tode gewesen. Der Mörder gesaget, wenn diese Tat nicht geschehen wäre wolle er selbige noch mit größer Freudigkeit verrichten, der Mörder hieß Damin [Robert François Damiens] mit Namen.
1757 den 14ten Marti wurde der engelsche große und weltberühmte Admiral Bing [John Byng] von den Engeländern condemniert [verurteilt] zur Arequebusade [zum Erschießen] und wurde auch selbigen Datum an ihm vollenzogen auf das Kriegesschiff der Monarch genannt. Er wurde beschuldiget daß er hätte die Insel Minorca retten können und solches verabsäumet.
Unser König blieb diesen Winter 1757 mit seiner ganzen Krieges Macht die vor jetzo wie man saget 750000 Mann stark sein soll überhaupt in Sachsen stehen. Seiner Magistet residierten in Dressen und ließen selbigen Winter noch viele Verfestigung umb Dresden machen.
Die preußsche Armee blieb dieses Mal in Prüßen weil die Russen einen Einfall drohten.
Österreich war dieses Mal mit Frankreich, Rußland, Sachsen und das ganze Reich wieder unsern König allegirt, wir hatt[en] auf unser seits England zur Allianz.
Die Alliierten wider uns waren dieses Mal an 500000 Mann

Ulrich Braeker schrieb in seinen Lebenserinnerungen über die Schlacht bei Lobositz:
»Aber wer wird das beschreiben wollen, wo jetzt Rauch und Dampf von Lowositz ausging, wo es krachte und donnerte, als ob Himmel und Erde hätten zergehen wollen, wo das unaufhörliche Rumpeln vieler hundert Trommeln ..., das Rufen so vieler Kommandeure und das Brüllen ihrer Adjutanten, das Zeter- und Mordiogeheul so vieler tausend elender, zerquetschter, halbtoter Opfer dieses Tages alle Sinne betäubte!«

Friedrich II., General von Zieten und General von Ramin nehmen die Parade ab, Kupferstich von Johann Martin Will

stark. 170000 rückten im Monat April in Klein Franz [Böhmen] ein.

1757 den 21ten April kam es bei Reichenberg in Böhmen durch Anführung [durch] den Prinzen von Bevern Durchlaucht [August Wilhelm von Braunschweig-Bevern] zu einen Treffen mit 20000 unser Truppen gegen 28000 Österreicher unter Kommando des österreichschen Feld Zeichen Meister [Feldmarschall], den Königsegg [Christian Moritz von Königsegg], da wir abermal ein Sieg erhielten, das ganze österreichsche Corps zerstreuten und in die Flucht trieben, da östreichscher seits 2 bis 3000 Mann sollen geblieben sein.

1757 Sonntages den 8ten Mai wurde der 3te Prediger reformierter seits Herr Bamberger introducieret von inspectori Herrn Bernhardi.

1757 den 6ten Mai kam es abermal umbweit Prag zu einer Haupt Bataille mit der österreichschen Armee des Feld Marschalls [Leopold Josef von] Daun bestehend in 150000 Mann, die unsrige unter Kommando des tapfern General Feld Marschall Grafen [Kurt Christoph von] Schwerin welcher in dieser großen Bataille blieb. Wir erhielten einen herrlichen Sieg, erbeuteten die ganze österreichsche Artillerie bestehend in 250 Kanonen, die ganze Pagasche nebst das ganze Lager von dieser Armee. Darauf wurde Prage belagert und den 29ten angefangen zu bombardieren von des Königlichen Magistet und dero Haupt Armee. Den 29ten Mai wurde der Anfang gemacht mit Bombardieren und Kanonieren 3 Wochen, alsdenn wurde eine Ploccade vor Prag gemacht.

Den 18ten Juni kam es 6 Meilen von Prag wieder zu einen Haupt Treffen bei Kolin. Blieben die Östreicher auf ihren vorteilhaften Post Berg stehen, die unsrigen zogen sich runter mit Verlust.

Den 1ten Juli starb unser Königin Mutter [Sophie Dorothea], wurd den 5ten darauf im hiesigen Dom beigesetzet und trugen 124 Bürger die Fackeln und dieses war der ganze Staat.

Im Monat Juli ging die Festung Memel in Preußen an den Russen über nachdem selbige 36 Stunden beschossen war. Den Monat Septembris kam es mit der rußschen Armee in Preußen umweit Wehlow zu einer Haupt Bataille, die unsrige 22000 Mann die Russische 85000 Mann, die unsrige taten den Angriff in einen 3 fachen retrangemang, nach einen gewaltigen Gefechte blieben die Russen in ihren Posten, die unsrigen bezogen ihr Lager. Die Russen verließen darauf Preußen schleunig, sie haben bei dieser Bataille viele tausend Mann verloren, unser seits haben wir 2500 Mann verloren. Der Russen Verlust konnte wegen der großen Menge welche sie selbst begraben hatten nicht namhaft gemachet werden.

General von Schwerins Tod 1757, Kupferstich von Daniel Chodowiecki

Bei Kolin erlitten die Preußen die erste schwere Niederlage dieses Krieges. Sie verloren 13700 Mann, darunter 300 Deserteure. Friedrich II. floh vom Schlachtfeld nach Prag.

Nicht im September, sondern schon am 30. August erlitt die preußische Armee eine Niederlage in der Schlacht bei Großjägersdorf nahe Wehlow gegen die russische Armee, die knapp 60000 Mann zählte. Da der gegnerische Befehlshaber den Sieg nicht nutzte, behauptete Friedrich II. Preußen.

Russische Gefangene in Berlin 1757, Radierung von Daniel Chodowiecki

Aus den Aufzeichnungen eines vermutlichen Berliner Kaufmanns: »Den 19. Oktobr. Ist der Commandant [General Hans Friedrich von Rochow] hier in der Stadt hereingekommen, da haben die Jungens ihn mit Dreck beschmißen, er hat sich müßen retiren, sonst hätten sie ihn umgebracht, weil er solche schlechten Anstalten gemacht hat, daß die Oesterreicher haben können in der Stadt kommen.«

Bei Roßbach besiegten die Preußen die mit Österreich verbündete Reichsarmee und die französischen Truppen. Die Gegner verloren rund 10000 Mann, die Preußen nur 548. In den deutschen Territorien löste dies Begeisterung aus:
»Wenn unser großer Friedrich kömmt
Und klatscht nur auf die Hosen,
So läuft die ganze Reichsarmee
Noch mehr als die Franzosen.«

Die Einnahme Breslaus wurde vor allem möglich durch die antipreußische Gesinnung der Stadtbevölkerung und der großenteils aus Schlesiern und Sachsen bestehenden Besatzung. Die Soldaten entflohen und der preußische General August Wilhelm von Braunschweig-Bevern gab sich aus Furcht vor Friedrichs Zorn in die Gefangenschaft österreichischer Husaren.

Unter Kommando des General [Andreas von] Hadik den 16ten Octobris 1757 bekamen wir in Berlin eine Zusprache von einig tausend Esterreicher, der Schrecken war sehr groß. Nachmittage umb 2 Uhr kam es zu einen Scharmützel wobei auf beide Seiten über 150 teils tot geschossen und blessieret worden. Es kamen diese Gäste vor dieses Mal nicht in die Stadt, sie zogen per accord des Morgens frühe als den 17ten mit 200000 Talern ohne Präsente der Officier wieder ab, sie mußten auch auf den Schlacht Felde beim Cottbuser Tor einen ihrer besten Generals lassen namens Babecini.
Den 6ten Novembris 1757 schlug der König mit seiner Armee (Roßbacher Bataille) die Reichs Armee umweit Weißenfels und erhielt über selbige einen herrlichen Sieg. Unsere Armee bestand damalen in 20000 Mann, die Reichs Armee in 70000 Mann. Sonntages darauf wurde ein Dank Fest gehalten in allen Kirchen, der Text war genommen aus den 140ten Pisalm von 40ten Vers bis zu Ende.
Den 12ten Novembris 1757 ging die Festung Schweidnitz über an den österreichschen Truppen und wurden 4000 zu Krieges

Gefangene gemacht [aus] unser Armee. In diesen Monat marschierte die ganze Armee aus Preußen bestehend in 30000 Mann nach Schlesien und Magdeburg zur alliierten Armee.
Den 22ten Novembris kam es bei Breslow zu einer Haupt Bataille mit den östreichschen General Nadosti [Franz Leopold von Nádasdy-Fogaras] und unsern kommandiern Prinz von Bevern. Die Österreicher verloren in dieser Aktion 20000 Tote und weil sich der Prinz von Bevern aus den Lager zoge den 2ten Tag bezogen sie das verlassene Lager, bekamen auch den 24ten Novembris Breßlow ein, weil sich Tages vorhero der Prinz von Bevern gefangen nehmen ließ.

Einnahme Berlins durch die Österreicher am 16. 10. 1757, Kupferstich von Johann Martin Will

Schlacht bei Roßbach am 5. 11. 1757, Knpferstich von Johaun David Schleuen

Den 5ten Decembris nachdem der König aus Sachsen mit seiner Armee die er in eigener Perschon kommandieret angekommen war [kam es] zu einer Haupt Bataille umweit Parchwitz und Neue Mark [Schlacht bei Leuthen] unter selbst seiner Königlichen Majistät höchst eigenen Kommando da ihro Königliche Majistät einen herrlichen Sieg mit dero 36000 Mann über die österreichsche Armee in 80000 Mann bestehend bekamen, über 16000 Mann gefangen, dabei über 150 Kanonen [erbeutet]. Die Niederlage welche in vielen dausend bestand konnte nicht benennet werden, diese [österreichische] Armee wurde ganz zerstreuet damalen.

Schlacht bei Leuthen am 5. 12. 1757, zeitgenössisches Gemälde

Den 19ten Decembris bekam der König Breslow wieder ein, er bekam darein 10 bis 15 dausend Mann, 307 hohe und niedrige Officier gefangen. Wir hatten vor jetzo an die 51000 Mann österreichsche Gefangene, an die 4 bis 500 Officier.
Den 6ten Januari hielte unser Königin Einzug, wurde von eine Collnische, Werdersche, Dorotheenstädtische, Friedrichstädtische, zwei französische Bürger Compagnien eingeholet zum Brandenburger Tor rein mit Vorreitung der Kaufmanns Gülde, Schützen Gülde, Fleischer Gewerk. [Mit] 40 Postillion blasend herein geführet bis nach dem Königlichen Schloß, von sämbtlichen Bürgern begleitet.
Bei dieser Gelegenheit hatten wir Dorotheenstädtsche Compagnie eine neue Bürger Fahne errichtet und wurde diesen Tag ein solennaer [festlicher] Aufzug hier auf der Dorotheenstadt mit dieser Fahne von der ganzen Bürgerschaft gehalten. Nachmittag kam die Königin aus Magdeburg hier an und wurde begleitet.

Linke Seite, oben:
Die kriegsgefangene österreichische Besatzung der Stadt Breslau zieht an Friedrich II. vorüber am 19. 12. 1757, zeitgenössisches Gemälde

Unten:
Das erste Brandenburger Tor, Kupferstich von Daniel Chodowiecki

1758

1758 mit Anfang dieses Jahres nahmen die Russen ganz Preußen in Possesion weil unsere Armee ausgezogen war und nahmen auch die Huldigung durch den russischen General Fermer [Wilhelm Fermor] an. Unsere Armee stund in Pommern, ein Teil ging zur Verstärkung nach der Hannöverschen Armee, auf dessen Annäherung verließen die Franzosen Bremen, Verden und das ganze Braunschweigsche und Lüneburgische. Der Prinz Ferdinand von Braunschweig [-Lüneburg] kommandierte vor jetzo diese Armee.
Im Monat Juni schlugen [sie] die große französische Armee welch der Graf [Louis] Clermont [de Bourbon] kommendieret totaliter umweit Disseldorf. Diese Schlacht hat 3 Tage gedauret und wurde der General en chef gefangen.
Den 24ten Juni mit Anfange Medio Juni starb der Prinz von

Die Rückeroberung Breslaus durch Friedrich II. zwang die Österreicher wegen ihrer starken Verluste, sich aus Schlesien und Böhmen zurückzuziehen.

Der Bruder Friedrichs II. und Thronfolger Prinz August Wilhelm war vom König für die militärischen Mißerfolge des Sommers 1757 hart gemaßregelt und gedemütigt worden, so daß er das Kommando über sein Armeekorps niederlegte. Ein Jahr später erlag er ohne erweislichen Zusammenhang mit diesen Geschehnissen einem Schlaganfall.

Gefecht bei Krefeld am 23. 6. 1758,
Kupferstich von Georg Stettner

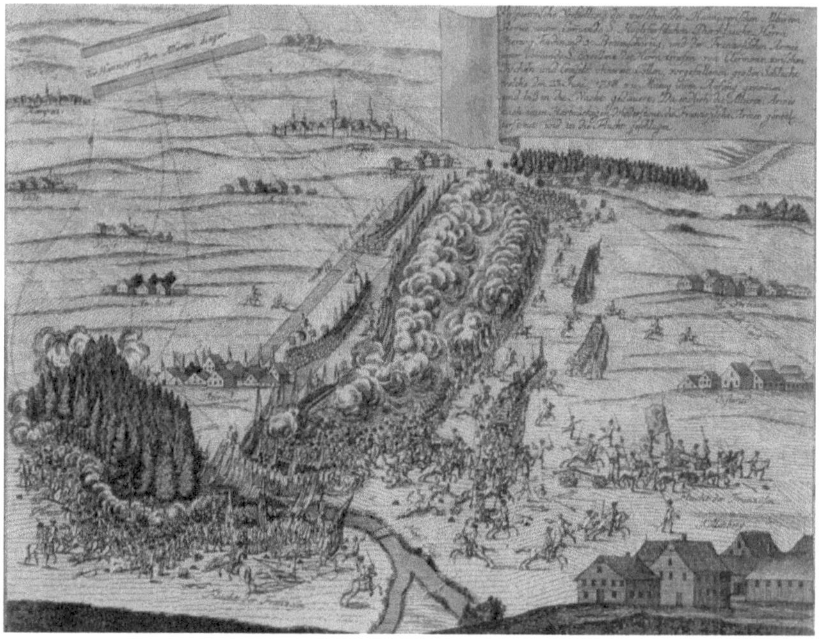

Preußen des Königes Bruder in Oranienburg im 36ten Jahr seines Alters. Hinter ließ 2 Prinzen und eine Prinzessin, auch war die Gemahlin noch Graffita [schwanger].

Im Monat Majo und Junio besuchte unser Prinz Heinrich mit einer kleinen Armee das Bischoftum Bamberg, dieses kostet den Bambergern weil sie sich wehreten, namlich die Bürgerschaft über 2 Millionen.

Die englischen Operationen in Frankreich waren zunächst wenig erfolgreich, wirksamer war der britische Kaperkrieg gegen den Handel mit den französischen Kolonien. Die Einnahme der Festung Louisburg am 26. Juni 1758 beraubte Frankreich seines wichtigsten Stützpunktes in Kanada und leitete den Zusammenbruch des französischen Kolonialreiches in Nordamerika ein.

Auch taten die Engeländer eine Landung in Bertannie [Bretagne] und hatten Frankreich grausamen Schaden getan.

Ulmitz [Olmütz] in Mähren belagert und den ganzen Monat Juni beschossen. Der König stande mit seiner großen Armee zur Bedeckung.

Den 20ten Juli wurd das Prinzen von Preußen Leiche von Oranienburg allhier reingebracht und Tages darauf als den 11ten Juli geschahe die Beisetzung in aller Stille in Dom in der Königlichen Gruft in einen sehr prächtigen Sarge. Sein Krankheit ist nichtes als eine in den Kopf gefundene alter Schaden von einen

gerunnen Geblute gewesen welches er bei der zweiten Campangne im Stürzen mit einen Pferde bekommen, sein ganzes Ingeweihe ist eines der gesundesten gewesen.
Mit Anfang Medio Juni verließ der König die Festung Ulmitz und ganz Mähren wegen Mangel der Subsistangs [Versorgung] und zog mit seiner ganzen Armee wieder in Böhmen. Bei Königsgrätz 4 Mortier [Geschütz] und eine 24pfündige Kanone Verlust, in geringsten keine Mannschaften aber.
Die Russen drungen diesen und den Monat Juni stark durch

Überfall der Preußen auf Bamberg am 31. 5. 1758, Kupferstich von Johann Adam Stockmann

Überfall auf die Bretagne
am 11. 9. 1758,
Stich aus Les Plans de la guerre
de Sept ans contenans les Betailles
Combats Prises de Villes Camps,
entworfen von L. Therbu,
gestochen von Georg Joseph Cöntgen,
herausgegeben in Frankfurt/Main,
um 1770

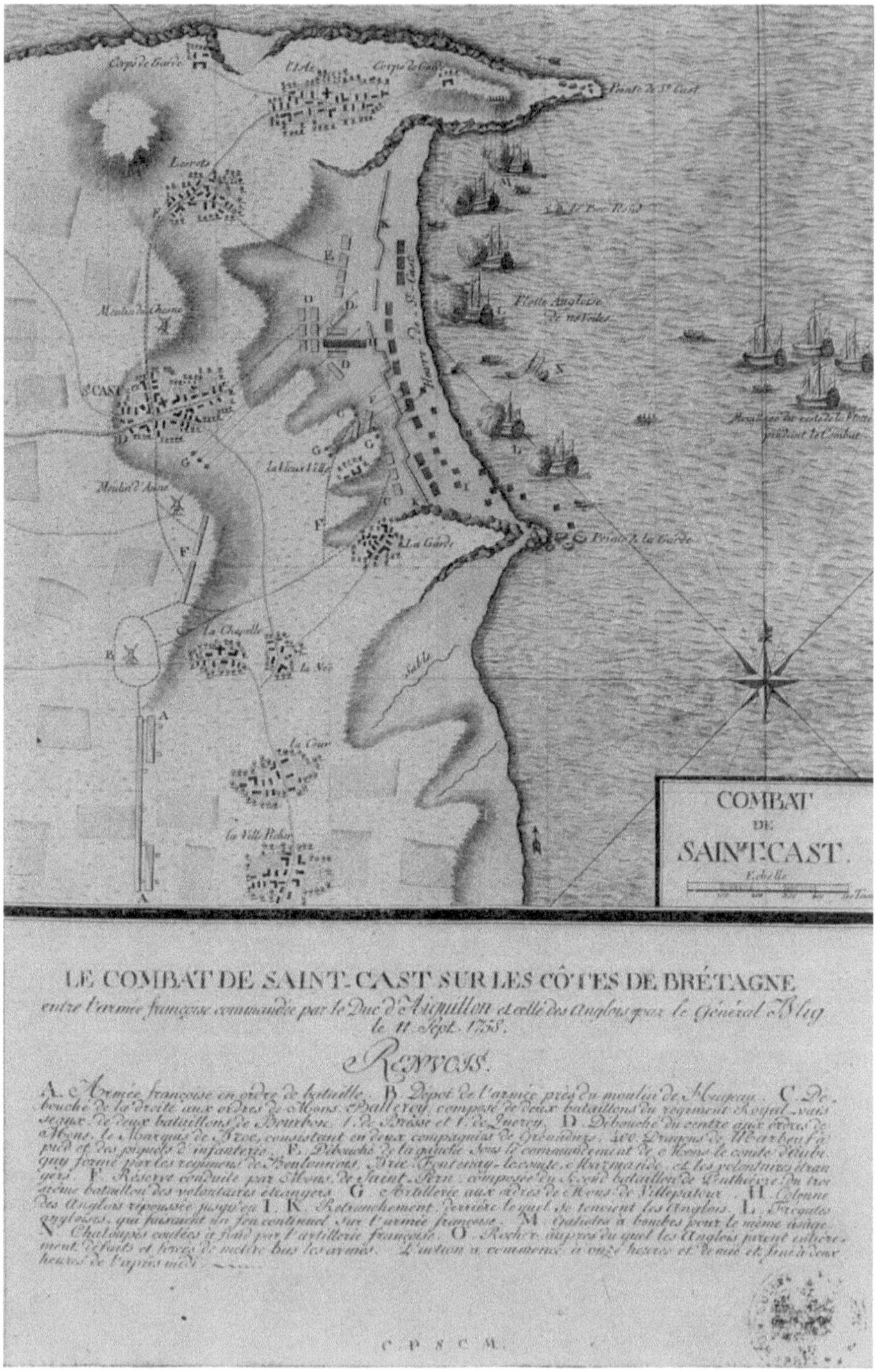

Polen in die Neu Mark ein, nahmen die Grenz Festung Driesen ein. Hatten sowohl in Pommern, sowohl in der Neu Mark sowie voriges Jahr in Litauen erbärmlich mit unsern Einwohner gewütet und die Menschen erbärmlich umb gebracht die Frauens Perschonen geschändet und alsdenn umb gebracht, Prediger in Stroh ein gebunden mit Teer bestrichen und alsdenn mit Feuer angezündet, der andren Mißhandlungen zu geschweigen desgleichen man von den ärgsten Barbaren nie erhöret hat. Gott lasse die Nach Welt der gleichen nicht mehr erleben. Wollen wir bitten.
Auch bekam unsere Königin einen Besuch von dero Frau Mutter der Herzogin von Braunschweig.
In diesen Monat Juni kamen auch 10000 Mann englische Truppen zur alliierten Armee, an 5000 Kavallerie, 5000 Infanterie.

Die Domkirche in Berlin,
Kupferstich von
Johann David Schleuen

Die Grausamkeiten der russischen und österreichischen Truppen in Preußen gingen vor allem auf das Konto der Kosaken und später der österreichischen Panduren und Kroaten. Diese irregulären Truppen waren nach Kampfweise und Einstellung den räuberischen preußischen Freiregimentern vergleichbar, die bei ihren Streifzügen ins Reich in den letzten Kriegsjahren ähnliche Greuel anrichteten.

Friedrich II. zu Pferde, Kupferstich von Daniel Chodowiecki

In diesen Monat August kam das rußsche Herr sehr nahe unsern Grenzen indem daß die Festung Küstrin von diesen von 15ten hujus erbärmlich verbrannt wurde wobei viele Menschen umb kamen. Den 20ten Augusti kam unser König aus Böhmen mit einen Teil seiner Armee bei Frankfurt an, der Graf Donou [Christoph von Dohna] stand mit seiner Armee umbweit Frankfort und erwartete den König.

Der König kam den 20ten mit einen Teil seiner Armee bei Frankfort an, den 22ten vereinigte er seine mit der aus Preußen kommende Armee unter den Grafen von Dohna, den 24ten ging der König über die Oder. Den 25ten und 26ten Augusti war Bataille und wurde einer der größten Siege erfochten wider die russische Armee indem über 20000 Russen auf dem Platz blieben indem wenig Pardon gegeben wurde. Diese Schlacht geschahe umbweit Küstrin bei Zorndorf.

Wir bekamen auch Tages vorhero die erfreuliche Nachricht von Engeland daß Cabbretong [Cape Breton] an den Engeländern übergegangen war welches ein importanter Verlust von Frankreich war. Bei der Bataille bei Küstrin wurden über 160 Kanonen erbeutet.

1758 den Anfang September ging der König mit einem Teil der Armee in Sachsen den Prinz Heinrich königlichen Herr Bruder zu Hilfe umbweit Dresden.

Im Monat Octobris beschossen die Russen die Festung Kolberg, wurden aber von den Kommandanten sehr wohl aufgenommen daß sie den Rückweg suchen müssen. Im Monat Septembris drang die schwedische Armee bis Ferberlin [Fehrbellin] vor, es wurde ihnen das weitere verboten durch das detachierte Corpus des Herrn General [Kurt Heinrich] von Wedel und zogen sich im Monat Octobris zurück nach Pommern und wurden von den General von Wedel begleitet. Die Russische Haupt Armee stund in Monat Octobris noch bei Stargard in Pommern. Mit Ausgang [Oktober] zogen [sie] nach Polen. Im Octobris wurde der König in der Nacht über fallen von der östreichschen Armee umweit Bautzen [Schlacht bei Hochkirch] da wir

Gefangene Russen nach der Schlacht bei Zorndorf 1758, Kupferstich von Daniel Chodowiecki

Bei Zorndorf errang Friedrich bestenfalls einen Pyrrhus-Sieg. Auf dem Schlachtfeld blieben mehr als 12000 Preußen und 19000 Russen tot oder verwundet. Er konnte nur die Vereinigung der russischen und österreichischen Truppen verhindern.

Vorstellung der scharpffen und blutigen Bataille so zwischen den Oesterreichern und P

Nachdeme der Kayserliche Königl. General Feld=Marschall Graf von Daun 1.) früh um 4. Uhr schon völlig in dem Königl. Preussischen Lager anmarschiret war, so wurde der General Feld=Marschall Loudohn 2.) Comandiret in das Feindliche Lager gleich mit aller Forsch mit dem Sabel in der Faust ein zu hauen, auch gleich durch getrungen. 3.) General Feld=Zeugmeister Herzog von Ahrenberg that desselben gleichen und brach die Preussen durch starcken Widerstand zum weichen. 4.) der General Feld Wachtmeister Ayasas eilte dem General Feld=Zeugmeister Herzog zu hülff, wobey sie gleich so glücklich wahren u. eroberten 4 Fahnen u. machten 300 gefangen, 5.) General Feld=Wachtmeister von Tiller, 6.) General Feld=Zeugmeister v. Sinc... 7.) General Graff v. Braun, 8.) General Siskowitz, Preussischer Seits 9.) Prinz v.

Schlacht bei Hochkirch am 14. 10. 1758, Kupferstich von Johann Martin Will

Rekrutenaushebung,
Zeichnung von Johann Wolfgang
Goethe, 1779

Berlin füllte sich in diesem Jahr mit Gefangenen und Verwundeten. Ruhr und Fieber breiteten sich aus. Jeder fünfte Webstuhl stand still, und das Brot wurde kleiner. Der Pfarrer Lüdicke von St. Nikolai schrieb in das Kirchenbuch: »Es ist merkwürdig, daß in diesem Jahr bei obigen Pfarrkindern allein 609 mehr gestorben als geboren, wie viel muß also die Anzahl der Menschen verringert sein, weil der Krieg unzählige Menschen gefressen.«

einen ziemlichen Verlust hatten und den Prinz Franz von Braunschweig nebst den General [Jakob] von Keith verloren, der Fürst Moritz von Dessow [Anhalt-Dessau, jüngster Sohn des »Alten Dessauers«] gefangen, Markgraf Karl [von Brandenburg-Schwedt] plessiert. Auch sagte man von König daß er plessiert wäre, dieses ist gewiß daß ihm in dieser Aktion das Pferd unter den Leib tot geschossen und der König zu Fuß kommandieret hat. Wir haben hier viel verloren aber die Österreicher auch nicht wenig.
Der König wendete sich hierauf mit einen Teil seiner Armee nach Schlesigen weil die Österreicher Neiß förmlich belagert hatten, sie hoben hierauf die Belagerung auf, reterierten sich nach Mähren, dasgleichen wurde vereitelt die Blockade von Cosel und sollte Brieg ein gleich Schicksal empfinden.

Sonntages den 12ten November wurde ein solennes Dankfest in hiesiger Residenz gefeieret dieser wegen und zwar im ganzen Lande.
Weil die Russen Kolberg verließen nahmen sie ihren Rückweg nach Polen, verrichten aber auf diesen Weg grausame Verwüstungen an Menschen und Vieh in Sonderheit die Schändung der Frauen Perschonen.
Im Monat Novembris wurde die verwitwete Prinzeß von Preussen von einen jungen Prinzen entbunden in Magdeburg, wurde daselbst in diesen Monat getaufet mit den Namen George Friedrich Karl. Die hohen Taufzeugen waren der königliche Majestät der König von England [Georg II. August], die Juwernantin von Holland [Wilhelmine, Nichte Friedrichs II.] und die Prinzeß Wallis von Engeland [Gattin des Thronfolgers, nachmals Georg III.].
Auch war Dresden, Leipzig und Torgo berannet von den Österreichern, wurde aber durch des Königes Ankunft aus Schlesien und durch die Generale Donow [Dohna] und Wedel vereitelt und mußte diesen Monat noch die österreichische Armee ganz Sachsen verlassen und den Rückweg eilend nach Böhmen nehmen, die rußsche Armee zogen nach Preußen in die Winter Quartiere, die Franzosen genseits den Rhein, mußten also diese große feindliche drei Armeen ihre Rückzüge nehmen, wohin es Gott haben wollte. Sie hatten ihnen ein ganz anders vorgenommen es werde aber mit Gott alles vereitelt. Gott stehe uns ferner bei mit seinen starken [Arm] daß sie erfahren müssen daß Gott mit uns ist und für uns streitet. Auch starb im vorigen Monat Octobris 1758 des Königes von Preußen Frau Schwester die Markgräfin von Bayreuth, ward 4 Wochen mit allen Glocken beläutet.

Wilhelmine Friederike Sophie, Markgräfin von Bayreuth, Radierung von Daniel Chodowiecki

Friedrich II. Ende des Jahres 1758 an den Bruder seines gefallenen Marschalls Jakob von Keith: »Unser Feldzug ist zu Ende und das beiderseitige Ergebnis ist der Verlust vieler ehrlicher Leute, das Unglück so vieler zeitlebens verstümmelter Soldaten, der Ruin mehrerer Provinzen, die Verwüstung, Plünderung und Einäscherung mancher blühenden Stadt ...«

In Mecklenburg und Sachsen begann eine regelrechte Menschenjagd auf neue Rekruten. Die Mecklenburger wurden in die sächsische Armee gesteckt und die Sachsen nach Vorpommern, damit sie nicht so schnell desertierten. Obwohl die Preußen aus Sachsen und Mecklenburg immer neue Kontributionen preßten und die Kriegskasse mit 670000 Pfund englische Hilfsgelder, die zu minderwertiger Münze umgeschmolzen wurden, aufgefüllt werden konnte, waren die Ressourcen unzureichend und das preußische Heer den gegnerischen Alliierten zahlenmäßig unterlegen.

In der Schlacht von Kunersdorf bei Frankfurt/Oder erlitten die Preußen eine vernichtende Niederlage. Friedrich II. schrieb am Abend an seinen Minister Finckenstein: »Von 48000 Mann vor der Schlacht verfüge ich gegenwärtig nur noch über 3000. Alles flieht, und ich bin nicht mehr Herr meiner Leute ... Ich habe keine Hilfsmittel mehr, und ich muß gestehen, daß ich alles für verloren halte ...«
Doch die russischen Truppen rückten auch jetzt nicht auf Berlin vor, der Oberbefehlshaber Saltykow nahm auf die Verehrung des künftigen Zaren Peter für Friedrich II. Rücksicht. Die österreichische Armee wandte sich zur Rückeroberung Sachsens. So rettete Uneinigkeit und Zögern der Gegner den preußischen Staat.

1759

Unser Königliche Majistät schlug sein Quartier in Breslau auf und unser Armee breitet sich aus in denen Winter Quartieren in ganz Sachsen, Schlesien, Mecklenburg und wurde die Campange dieses 1758te Jahr beschlossen.

1759 wurde die Campanje eröffnet mit Einrückung eines starken Corpus in Polen und schriebe der König auch ein Manifest aus, zu welchen Grund dieses geschehen. Eben in diesen Monat Marti wurde die Stadt Erfurt von unsern Truppen uber rumpelt und die Reichs Truppen vertrieben daraus. Im Monat April ging der Prinz Heinrich mit einen Teil seiner Armee in Böhmen, verderbete den Österreichern eine große Menge Magasiene beinahe einer Million an Wert, machte über 5000 Mann gefangen und kehret alsdenn wieder nach Sachsen zurück. Den 13ten April schlug der Prinz Ferdinand von Braunschweig mit den französchen General Brogligo [Victor François Broglie] umbweit Frankfort an Main, beide Armeen zogen sich zurücke, die Franzosen hatten an 6000 Tote und Plessierte, die Alliierte 3500.

Den 8ten Mai brannten die Mittel-, Klipp- und Neue Mühle ab, wie es aus gekommen wußte niemand recht nach zusagen, als: daß es in der Kleinen Mittel Mühle aus gekommen wäre.

1759 den 26ten Juli ist meine zweite Tochter Anna Sophia ehelich eingesegnet mit Herren Zechmeister Kaufmann und Materialiste [Gewürzkrämer]. Gott segne sie im ganzen Leben.

Den 30ten, 31ten Juli wurde alles hier fürchterlich in Berlin wegen Einfall der Russen, das Flüchten war allgemein von denen Vornehmen. Bis den 4ten Augusti war noch alles stille, indessen stunden über 1000 Pferde parat zum Vorspann und ging die sämbtliche Hofstadt nach Magdeburg.

1759 den 1ten Augusti schlug der Herzog Ferdinand von Braunschweig (an der Weser war die Schlacht) die große französche Armee von 80000 Mann unter Kommando des Marschall [Louis Georg Erasme de] Contades umweit Petershagen und Minden.

Den 3ten und 4ten Augusti nahm die Reichs Armee Leipzig und

*Der Brand auf dem Mühlendamm am 8. 5. 1759,
Gemälde von Bernhard Rode*

Halle ein. Die rußsche [und] österreichsche Armee versammelte sich bei Frankfort, Crossen. War auch in diesen Tagen in der Gegend mit den Russen ein starken Scharmützel vorgefallen, der König kam mit einer fliegenden Armee dieser Tagen, bei Beeskow an, und wurde abermal das Krieges Theater in unser Mark auf geschlagen. Den 12ten Augusti schlug der König mit den Russen umbweit Frankfort, beide Armeen behaupten ihren Platz, es war sehr blutig, der Kommendur der Russen war der General Saltikoff [Pjotr Semjonowitsch Saltykow]. Es blieben bei dieser Aktion 6 rußsche Generale.
Die Reichs Armee nahm dieser Tagen Halle, Leipzig in Besitz und die unserigen mußten ausziehen per accord. In Monat Octobris ging Dresden an die Reichsarmee über mit accord, in Monat Decembris hoben uns die Österreicher 10000 Mann auf an der böhmschen Grenze mit 7 General nebest einen großen Zug Artillerie. Dieser Tagen traf die ganze Hofstadt aus Magdeburg allhier wieder ein.

Schlacht bei Minden am 1. 8. 1759, zeitgenössischer Kupferstich

1760

Mit Anfang des Jahres traf der Erb Prinz von Braunschweig mit 20000 Mann bei der Königlichen Armee umweit Dresden ein nebst einen Zug schwere Artillerie.

Unser sowohl die östreichsche Armee stehen noch den Monat Januari im Felde in der großen Kälte, da viele Menschen und Vieh erfrieret. In Dresden sollen in einen Hause 2 bis 300 Mann Österreicher kantonieren, ein Kamißbrot soll mit 1 Taler bezahlt werden.

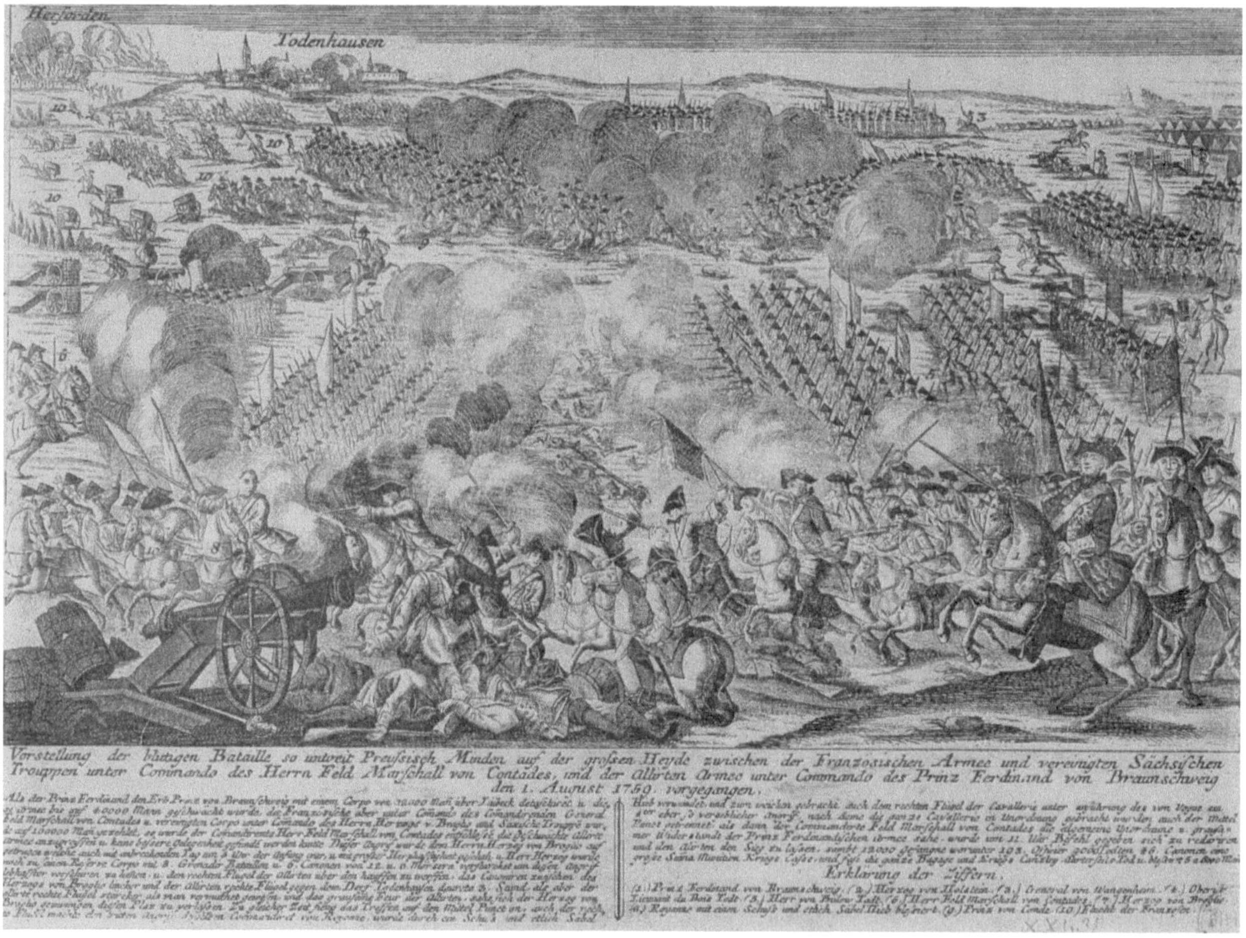

Schlacht bei Kunersdorf am 12. 8. 1759, zeitgenössische Radierung

Die Reichs Armee ging mit Ausgang November 1759 in Franken Land in die Winter Quartiere, die Franzosen taten in Januari noch einen Versuch an der alliierten Armee umbweit Hessen Land, sie wurden aber zurück gewiesen. Hierauf wurden die Winter Quartiere von den Franzosen bezogen sowohl von alliierter seits.

Auch zu gedenken daß diesen Winter allhier im währenden Kriege ein Haufen Holz mit 20, 24, 30 Taler bezahlet wurde. Ein klein Bauer Fuder mit 2½ Taler. Es war kein Holz für die Hofstadt vorhanden und mußten die Bauern solches 3, 4 bis 5 Meilen weit auch weiter nach Berlin zu Schlosse liefern für die Hofstadt.

Die Reichs Armee nahm ihre Winter Quartiere in Preußen. Ohn

Der aussichtslose Versuch, die österreichische Armee während des Winters zum Rückzug aus Sachsen zu zwingen, forderte nach Meinung von Augenzeugen mehr Menschenopfer als zwei große Schlachten. Scharenweise verhungerten und erfroren die preußischen Soldaten.

Die Trübsalstage Leipzigs im Winter 1760, zeitgenössischer Stich

Das barbarische Bombardement der sächsischen Residenz mit glühenden Kugeln und Brandgranaten zerstörte die Kreuzkirche und große Teile der Altstadt. Die Friedrichstadt wurde zuerst geplündert und dann eingeäschert, der Große Garten verwüstet. Dieses Vorgehen war militärisch sinnlos. Die Einnahme Dresdens gelang nicht, es wurde rechtzeitig von der Armee des österreichischen Oberbefehlshabers Daun entsetzt.

Der Sieg bei Liegnitz am 15. August 1760 ermöglichte es dem Prinzen Heinrich mit seinem Armeekorps, die Russen aus Schlesien herauszudrängen. Der Krieg erschöpfte sich in einem Hin- und Herfluten der preußischen und österreichischen Truppen von Sachsen nach Schlesien und von Schlesien nach Sachsen, das diese Länder ganz und gar ausblutete.

erachtet der großen Kälte so seind von der Preuschen Armee auch österreichschen Armee keine Winter Quartiere bezogen worden sondern beständig eine jede unter freien Himmel campieret. Der König hielt sich diesen Winter in Freiberg auf. Die Österreicher behaupten noch Dresden, in Monat Mai 1760 verließ der König Freiberg und zog im Lager mit seiner ganzen Armee. Der Prinz Heindrich kommandiert dieses Jahr wider die Russen, die engelische Armee rückt diesen Monat aus die Winter Quartiere. Die englische Truppen betragen bis 24000 Mann auserlesen Volk und agieret die alliierte englische Armee dieses 1760 Jahr mit 110000 Mann. Die preusche Armee wurde auch verstärket. Der König bombardieret Dresden im Monat Juni, ging darauf nach Schlesien, der Prinz Heinrich kommendieret gegen die Russen, die Österreicher berenneten Breslow, wurden aber weggetrieben, gleich darauf wurde Glatz verraten durch den Kommandanten. Kam in Österreichs Gewalt.
Auch wurde Kolberg beschossen, zum anderen Mal aber glücklich entsetzt [durch] den braven General [Hans Paul] von Werner.
1760 im Monat Juli schlug der König 30000 Mann Österreicher

Bewohner Dresdens fliehen aus ihrer zerstörten Stadt, Juli 1760, zeitgenössischer Stich

unter Kommando des General [Gideon Ernst Freiherr von] Laudon umweit Liegnitz.

Monat October den 3ten kamen die Russen vor unsern Toren zu Berlin, wollten mit Macht 4000 Mann stark eindringen wurden aber zurück gehalten. Den 5ten erhielten wir Securs [Secours — Beistand], die Russen vermehreten sich bis 14000 Mann unter Kommando des General Totleben [Gottlob Kurt Heinrich Graf von Tottleben]. Den 7ten Octobris kam es vor den Hallischen Tor zur Aktion sowohl vor den Schönhauser Tor, wurde auch eine Wind Mühle in Brand gesteckt. Das Kanonieren währt von Morgen bis in der Nacht unter Kommando des Prinzen von Wirttenberg [Herzog Friedrich Eugen von Württemberg] und den General Seydlitz [Friedrich Wilhelm von Seydlitz-Kutzbach]. Dieses war ein gefährlicher Tag vor Berlin.

Der König stand mit seiner Armee bei Schweidnitz wußte von diesen Umbständen noch nichts. Den 8ten kam der General [Franz Moritz von] Lacy noch mit einen Corps bei Berlin an. Das Kanonen Feuern ließ sich heute zu unterschiedene Malen hier und dort hören, die Zugänge zu Wasser und Lande wurden

General Tottleben, ein gebürtiger Thüringer, der schon in kursächsischen und holländischen Diensten gestanden hatte, hegte offenbar wie der künftige Zar Sympathien für die Preußen. Entgegen seinen Instruktionen schonte der russische Befehlshaber die öffentlichen Einrichtungen der Hauptstadt und deren Bürger und begnügte sich mit einer relativ geringen Kontribution von 1 Million Taler, für die der Kaufmann Johann Ernst Gotzkowsky einen Wechsel ausstellte. Der Magistrat bezifferte die Gesamtverluste der Stadt auf 1,95 Millionen Taler.

Der Altmarkt in Dresden während der Beschießung durch die Preußen am 19. 7. 1760, zeitgenössisches Gemälde

unsicher, bei der gestrigen Aktion wurde ein Prinz von Lichtenstein tot geschossen. Wir hatten auch den Monat September Torgo und Halle müssen über geben an der Reichs Armee. Auch wurde Berlin dieses Mal von den Russen tractieret mit Feuer Kugeln, sie waren aber von keiner sonderlichen Würkung, Gott zu danken, sie haben Berlin gerne im Brand haben wollen. Den 9ten Octobris reterierte unsere Armee bis unter die Festung Spandow. Berlin wurde den General Totleben übergeben gegen ein und $\frac{1}{2}$ Million Taler mit den Versprechen die Stadt verschonen mit der Plünderung. Welches zwar nicht ohne dem bei allen abging daß nicht die Kosaken hier und da eindrungen wie denn sonderlich der ganze Schiffbauer Damm aus geplündert

Schlacht bei Liegnitz am 15. 8. 1760, Kupferstich von Georg Stettner

wurde auch bei den Land Wehren entsetzliche Plündereien vorgingen, das Schloß wurde mit einige 1 000 Mann zu Pferde und Fuß besetzt außerhalb. Es wurden hier und dort Soldaten einquartieret da man gewaltige Drangsalen empfinden mußte absonderlich hier auf unser Dorotheenstadt. Die Stadt war von außen und innen mit 45 dausend Mann umbgeben, niemand war fast sein Leben sicher weder auf der Gaß noch in seinen Hause. Den 11ten Octobris wurde das Königliche Zeug Haus auch die Rüst Kammer, die Königliche Kutsche alles Preis gegeben. Man kaufte eine Mondur vor einige Groschen, ein Gewehr vor 3 bis 4 Groschen. Es war auch einige dausend Tonnen Salz im Zeug Hause vorrätig, wurde manche Tonne vor 8 bis 16 Groschen verkauft. Diesen Tag wurde auch das Gieß Haus, auch die Pulver Mühle ruinieret, im Zeug Hause wurden die Fenster diesen Tag eingeschlagen, das Lager Haus wurde gleichfalls ausgeräumet, das Schloß und ander Palleus wurden mit Salvogardes [Schutztruppen] besetzet. Sonst hätten selbige ein gleiches Schicksal empfunden. Summa: ein Jeder schätzte Berlin ganz und gar von ihren Souverän geschieden. Die Hofstadt resi-

Graf Franz Moritz von Lacy, Stich von J. E. Mansfeld nach Kolonitsch, 1770

Die Russen 1760 in Berlin, Kupferstich von E. Henne nach Daniel Chodowiecki

dierete vor jetzo noch in Magdeburg. Die Völker in Berlin waren Russen, Österreicher, Sachsen und Reichs Truppen.
Den 12ten Octobris war alles ausmarschiert außer eine Salvogarde von 200 Mann welche das Schloß deckten. Das Scharlotten Burger Schloß nebest den Einwohnern wurden geplündert, Potsdam bliebe außer 60000 Taler Brand Schatz verschonet mit der Plünderung. Es waren allhier in Berlin entsetzliche Raubereien verübet. Man sahe sich nirgend geholfen, unsere Vorgesetzte waren nicht mehr vom 4ten bis 15ten. Wußten noch nicht wo unser König stund mit seiner Armee. Es wurde uns dieser und jener Wind vorgemacht zum Trost, wenn mans besahe war es Wind.
In Summa: unser Bestürzung war so groß daß man glaubte Berlin würde der Garaus durch die barbarische Völker gespielet werden. Und würden bei dem Aus Marsche noch vieles vorgegangen sein wenn es nicht durch des General Totleben, welches man dennoch von diesen Mann rühmen muß, so beschleuniget wäre worden, indem sie es nicht länger vorhero wußten wie ½ Stunde. Und wurden die Österreicher welche Officier und Gemeine zum Teil gleich böse waren [Satzende unleserlich]. Der Aus Marsch der Russen ging nach Frankfort, der Österreicher und Reichs Völker nach Sachsen.
Als der König Nachricht erhielte von den Schicksals [von] Berlin brach er mit seiner Armee auf aus Schlesien, konnte aber Berlin nicht retten indem die Feinde von selbsten weg eileten wie sie ihren Zweck erreichet. Der König kam mit seiner ganzen Macht mit Ausgang Octobris in Sachsen an, der General Daun folgete ihm. Den 2ten und 3ten Novembris kam es ohnweit Torgo und Wittenberg zu einen Haupt Treffen wo wir Gottlob siegeten, machten viele 1000 gefangen [erbeuteten] viele artillerie. Diesen angenehmen Kurier erhielten wir zur großen Freude den 6ten Novembris.
1760 im Monat Octobris starb der König von Engeland George der 2te, wurde in seiner Stelle gekrönt sein Enkel Prinz Wallis [of Wales] unter den Namen George der 3te.

Der Berliner Kaufmann Johann Ernst Gotzkowsky, Stich von Friedrich Christian Carstens

Herzog Friedrich Eugen von Württemberg, Kupferstich von Johannes Erasmus Nilson

Die Schlacht von Torgau war tatsächlich eine der blutigsten, aber nicht glorreich. Die Preußen verloren vier Zehntel, die Österreicher ein Drittel ihrer Mannschaft. Den Siegern fehlte die Kraft zur Verfolgung der Österreicher und zu ihrer Vertreibung aus Sachsen.
Fast die Hälfte der preußischen Provinzen war vom Feind besetzt, die übrigen verwüstet. Es waren kaum noch waffenfähige Männer zu rekrutieren. Die Lage war verzweifelt, doch der Krieg ging weiter.

Von der glorieusen Bataille von 3ten Novembris ist noch folgendes zu melden, daß selbige gedauert bis in der Nacht 3/4 um 10 Uhr und ist eine der blutigsten unter allen Bataillen gewesen. Hierauf ging es nicht weiter vor dieses Jahr, die Armeen gingen in die Winter Quartiere, der König nahm sein Quartier in Leuthen. Der König bekam bei der Bataille einen Streif Schuß an der Brust, der General Daun von der österreichschen Armee wurde am Fuß plessieret und ging nach Wien diesen Winter.

1761

Kam mein Sohn Johann Friedrich zu Haus, hatte den Prinz Heinrich Königliche Hoheit 4 Jahr als Mund Bäcker gedienet, den 9ten April selbiges Jahr ließ ich als Vater ihm das Meister und Bürgerrecht gewinnen den Gott in seinen ganzen Leben segnen wolle.

Der König fing mit seiner Haupt Armee an, im Monat Marti 1761 zu kantonieren sein Haupt Quartier nahe in Meißen. Bei der alliierten englischen Armee waren den Winter hindurch viele rancontre [Gefechte]. Kassel war belagert, wurde beschossen, im März, wurde von den Franzosen behauptet, die Alli-

Friedrich II. fällt nach der Schlacht bei Torgau eine Flintenkugel aus dem Überrock, zeitgenössischer Kupferstich

Der Kolonialkrieg war schon im Vorjahr wesentlich zugunsten der Briten entschieden. Die englische Flotte vernichtete im Mai 1760 ein französisches Geschwader vor Quebec und befreite so die wichtige kanadische Festung. Mit der Kapitulation der französischen Truppen in Montreal am 8. September war die französische Herrschaft in Nordamerika beendet.

Schon nach den Niederlagen des Jahres 1759 hatte Friedrich II. Rettung von einem Kriegseintritt der Türkei gegen Österreich erhofft und deshalb Geheimverhandlungen mit dem Osmanischen Reich aufgenommen. Trotz hoher Bestechungsgelder für die türkischen Würdenträger blieben auch die Verhandlungen des Jahres 1761 erfolglos. Roßschweife sind Feldzeichen hoher türkischer Militärs.

ierten mußten abziehen. Mit Ausgang April zog der König mit 40000 Mann nach Schlesigen, vertrieb den General Laudon, verstärkte den General [Karl Kurt Christoph von] Goltz. Die engelsche Armee bekam mit Ausgang Mai etliche 1000 Mann Verstärkung.

In Pommern führete dieses 1761 Jahr der General Werner das Kommando. Nachdem das Fürstentum Mecklenburg durch des Prinzen Wirttenberg gezuchtigt, wurde selbiges verlassen von den preußschen Truppen, in Sachsen führete der Prinz Heinrich dieses 1761 Jahr das Kommando.

Nicht zu vergessen daß die Engeländer den Franzosen in Monat April die importante Insel Bellisle [Belle Isle] wegnahmen. Auch trat der König mit seine hohe Alliierten mit den Türken im Bündnis ein weil seine Feinde gar keine Vorschläge zum Frieden eingehen wollten bis sie ihm den Garaus machten. Hatte der König im Monat Mai den türkschen Gesandten Ismael Bassa [Ismail Pascha] von 3 Roßschweifen würklich in Breslow Audienz erteilet, des gleich, unser Gesandte im Monat April in Konstantinopel.

Im Monat Mai wurde die Campangne eröffnet, der König ging mit dem größten Teil seiner Armee nach Schlesien, der Prinz Heinrich Königlicher Herr Bruder kommandieret in Sachsen dieses 1761te Jahr. Umbweit Hamm kam es mit der alliierten englischen Armee unter Kommando des Herzog Ferdinand und Erb Prinzen von Braunschweig mit der großen französischen Broglioschen und Subieschen [Charles Rohan Prinz von Soubise] Armeen den 15ten und 16ten Juli zu einen Haupt Treffen [Gefecht bei Vellinghausen] welches die Franzosen an die 10000 Mann kostet, auch viele Sieges Zeichen erobert wurden. Der König stand mit seiner größesten Armee bis den Ausgang Monat Juli nicht weit von Neus [Neiße in Schlesien]. Den 6ten August starb der Prinz Albrecht Heinrich von Braunschweig an der Plessur bei der letzten Bataille der französchen und alliierten englischen Armee von 16ten Juli in sein 20te Jahr.

Den 6ten Augusti geschahe das Beilager mit der Prinzeß Sophia

Prinz Heinrich zu Pferde, Radierung von Daniel Berger

Scharlotte im Herzogtum Mecklenburg Strelitz mit den König George den 3ten von Engeland in procuratur des Fürsten von Strelitz, der Prinzeß Braut Herr Bruder, den 21ten zog sie aus nach Engeland.

Im Monat Augusti vereinigten sich die große rusche und österreichsche Armeen in Schlesien, der König stand mit seiner größesten Macht gegen ihnen umbweit Schweinitz.

Die Hochzeit des britischen Königs interessierte die Berliner wegen der engen Verwandtschaft zwischen den Hohenzollern und dem englisch-hannoverschen Herrscherhaus.

Das »Beilager« bezeichnet stets die formelle Eheschließung, die bei fürstlichen Hochzeiten seit alters häufig durch Stellvertreter am Wohnsitz der Braut geschlossen wurde.

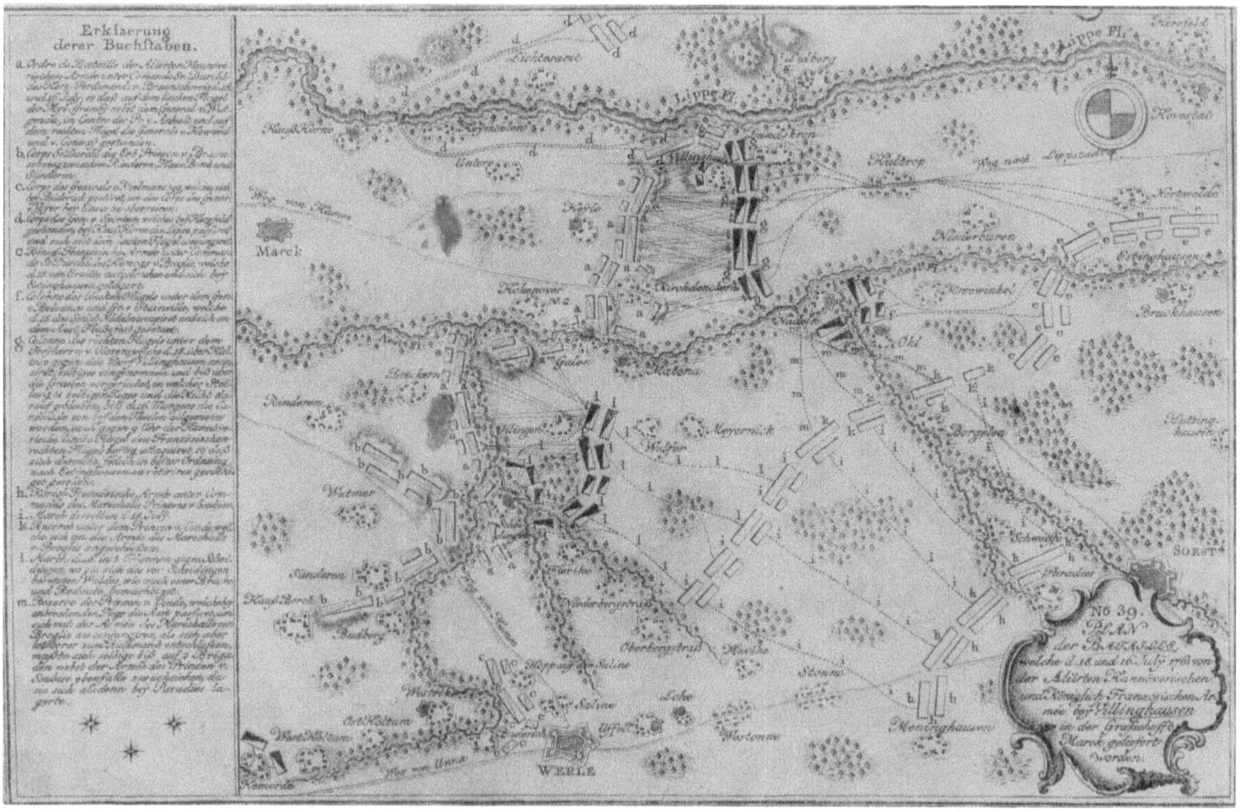

Gefecht bei Vellinghausen (Hamm) am 15./16. 7. 1761, zeitgenössischer Kupferstich

Diesen Monat August starb unser zweiter Prediger Herr Böhme an einen hitzigen Brust Fieber, wurde in unser Dorotheenstädtischen Kirche beerdigt.

Die Russen griffen Kolberg zu Wasser und zu Lande an bis den 13ten Septembris 1761 hatten sie nichts aus gericht. Der Prinz von Wirttenberg kommandieret bei Kolberg, der General Rommazof [Pjotr Alexandrowitsch Rumjanzew] die Russen welche 30000 Mann stark waren zu Lande, zu Wasser war die rußsche Flotte 40 Kriegs Schiffe nebst 14 schwedische. In der Mitte vom September verließ die Flotte nach dem es die Stadt grausam zugesetzet mit bombardieren zu Wasser und zu Lande, auch wurde die Stadt von der Landseite entsetzet mit Beihülfe des General Platen dessen Corps.

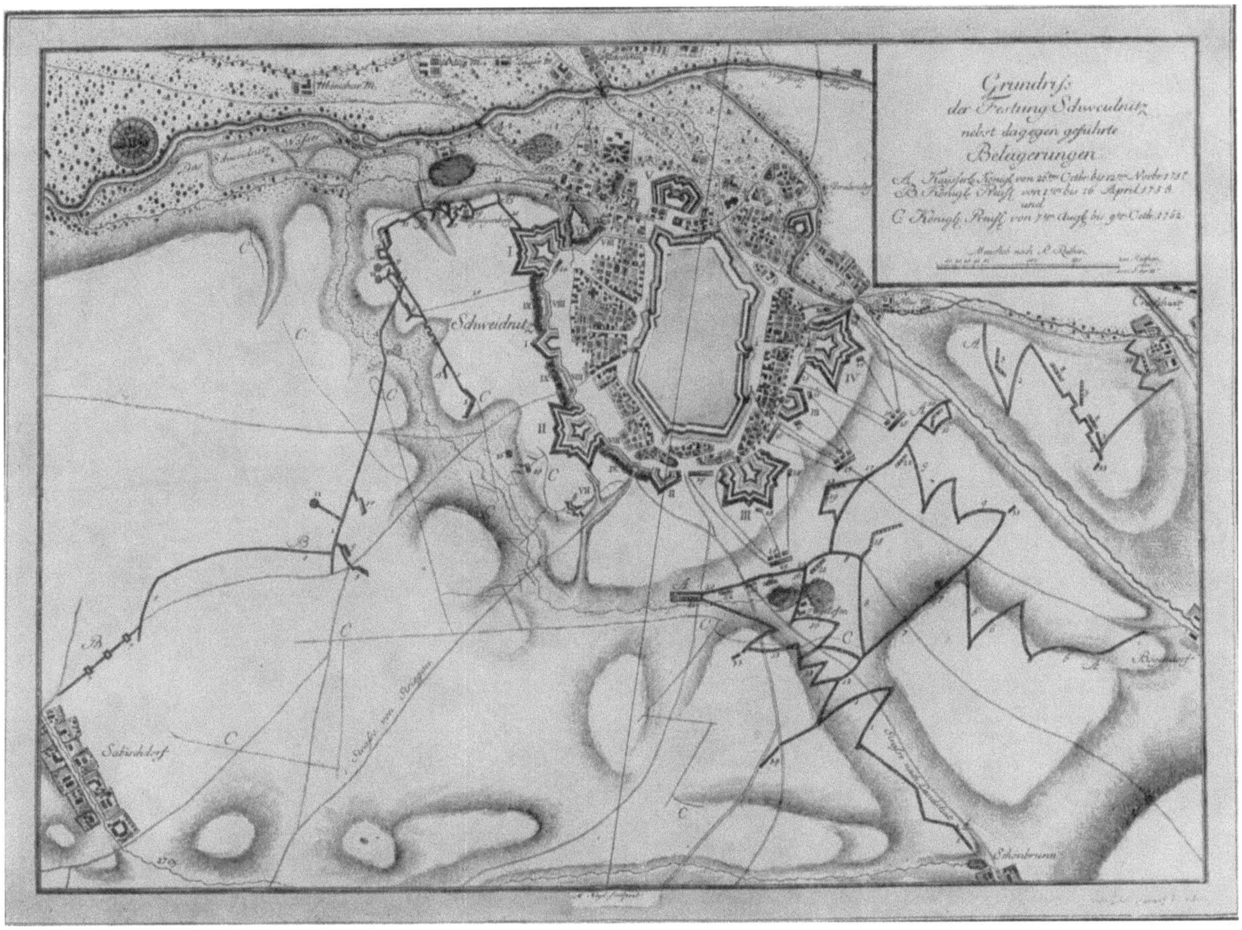

Zwischen den 30ten Septembris und 1ten Octobris in der Nacht wurde Schweinitz von den Österreichern und Russen bestürmet, in 4 Stunden eingenommen, weil der König mit seiner Armee 10 Meilen entfernet war.

Den 22ten Septembris wurde König George der 3te mit seiner jungen Königin gekrönet in Engeland in West Münster.

Diesen Monat Octobris wurde Wolffenbüttel von Franzosen eingenommen aber bald wieder entsetzet durch Prinz Friedrich von Braunschweig.

Diesen Monat Octobris galt der Scheffel Weizen 3 Taler

Grundriß der Festung Schweidnitz mit den Belagerungen von 1757, 1758, 1762, Kupferstich von Michael Keyl

Die Russen stürmen die Grüne Schanze vor Kolberg im Dezember 1761, Kupferstich von Johann David Schleuen

3 Groschen, der Roggen 2 Taler 11 Groschen. Diesen Monat Novembris bekam man Nachricht von Petersburg wegen den General Totleben daß [er] die Knote [Knute] bekommen wovon er sogleich gestorben wäre (nicht wahr).

Kolberg ist von neuen wieder belagert und bestürmet von der Landseite und befindet sich jetzo Monat November die ganze rußsche Macht in der Gegend bei Kolberg herum.

Zwischen den 18ten und 19ten December ging Kolberg durch den ruschen General Romanzoff über. Nachdem der Prinz von Wirttenberg mit seiner Armee wegen Mangel retirieren müssen, die Festung gleichfalls dieser halb in der Feinde Gewalt kam.

Der König wäre diesen Monat durch Hoch Verrats von einen schlesischen Edelmann bald den schelmischen Verrats den Österreichern in die Hände geraten. Es wurde entdeckt durch seinen Bedienten der den König den Brief entdeckete. Dieser Edelmann entkam durch die Flucht.

Des Königes sein Haupt Quartier war diesen Winter in Breslow, des Heinrich in Sachsen, des Herzog Karl seines in Hildesheim, des Broglio seines in Hessenland, die Reichs Armee in Dühringen [Thüringen]. Die Russen näherten sich nach der Eroberung von Kolberg auch Stettin.

NB. der Edelmann heiße Markotsch der den König an den Österreichern hat über liefern wollen, das Dorf heißet Schönbrunn, der Pfaffe heiße Franz Schmidt zu Sieben Höwen. Der Bediente heißt Matthias Kappel der den König benachrichtet von diesen Hoch Verrat.

Das in Übersee geschlagene Frankreich kämpfte im Westen Deutschlands nur noch mit halber Kraft. Großbritannien konnte nun auf den Verbündeten Preußen verzichten und stellte nach dem Sturz des preußenfreundlichen Ministers William Pitt die Zahlungen von Hilfsgeldern an Preußen ein. Preußen war am Ende des Jahres 1761 isolierter und erschöpfter denn je. Ganz Hinterpommern, große Teile Sachsens und Schlesiens mußten geräumt werden.

Das Elend im Lande wuchs. Das Groschenbrot wog in Berlin nur noch ein Drittel soviel wie in der Vorkriegszeit. Die Kriegsmagazine mußten geöffnet werden, um Unruhen zu verhüten. An 30339 Personen, die von ihren Predigern Bedürftigkeit bescheinigt bekamen, verteilten die Behörden bei Einbruch des Winters kostenlos Brot.

Der Wechsel auf dem Zarenthron wurde tatsächlich zum »Mirakel des Hauses Brandenburg«. Der Separatfrieden im Mai 1762, dem im Juni sogar ein Bündnisvertrag des neuen Zaren Peter III. mit Friedrich folgte, rettete Preußen aus hoffnungsloser Lage. Der Krieg war damit eigentlich beendet, denn den übrigen Mächten fehlten materielle Ressourcen und politische Interessen für die Fortführung der Kämpfe.

Die Münzverschlechterungen mußten die Kriegskassen des Preußenkönigs füllen. Er verpachtete den Münzunternehmern, darunter den bekannten Berliner jüdischen Bankiers Veitel Ephraim, Daniel Itzig und Moses Isaac, die Münzen in Berlin, Leipzig und anderen Orten gegen einen außerordentlich hohen Gewinnanteil. Auf Anweisung des Königs wurden 1761 schließlich 40 Taler statt vor dem Krieg 14 Taler aus der Mark Feinsilber (233,9 Gramm) geprägt.

1762

Mit Anfang dieses Jahres galt der Roggen 3 Taler 6 bis 12 Groschen, der Weizen 4 Taler 5 bis 6 Groschen, die Gerste 2 Taler 12 Groschen in Berlin auf den Markt.
Im Monat Januari kündigte Engeland Spanien den Krieg an.
Den 5ten Januari starb die rusche Kaiserin Elisabeth Petrovna 53 Jahr ihres Alters. Ihr succedierte und wurde gekrönet als ruscher Kaiser der Herzog von Holstein, unter den Namen Peter Feodorowitz [Peter III.] zum ruschen Thron erhoben. Seine Gemahlin ist eine Prinzessin von Anhalt Zerbst. Man sprach anfänglich von guten Vernehmen mit unsern und ruschen Hofe und wurden auch im Februari beider seitige Gefangene aus gewechselt, läutete auch zum Frieden mit uns und den neuen Kaiser.
Auch ist zu merken daß jetzo in den Krieges Unruhen ein Ducaten gelt 6 Taler 12 Groschen, ein Friedrichsdor 10 Taler 12 Groschen. Auf brandenburgsche Münze giebet man auf 100 Taler 3 bis 45 Taler Agio. Desgleichen seind die Lebens Mittel sehr teuer:

1 Pfund Butter	10 Groschen,
1 Pfund Licht	8 Groschen,
1 Mandel Eier	7 bis 8 Groschen,
1 Metz Erbsen	8 Groschen,
das Stadt Bier Quart	1 Groschen,
eine Henne	14 bis 16 Groschen,
1 Pfund Speck	8 Groschen,
ein Pfund Schmalz	10 bis 11 Groschen,
ein Gericht Fische vor 2 Perschonen	8 bis 16 Groschen,
eine Ente	16 bis 30 Groschen,
eine Gans	1 Taler 12 Groschen,
ein Hase	2 Taler,
ein Paar Tauben	8 bis 10 Groschen,

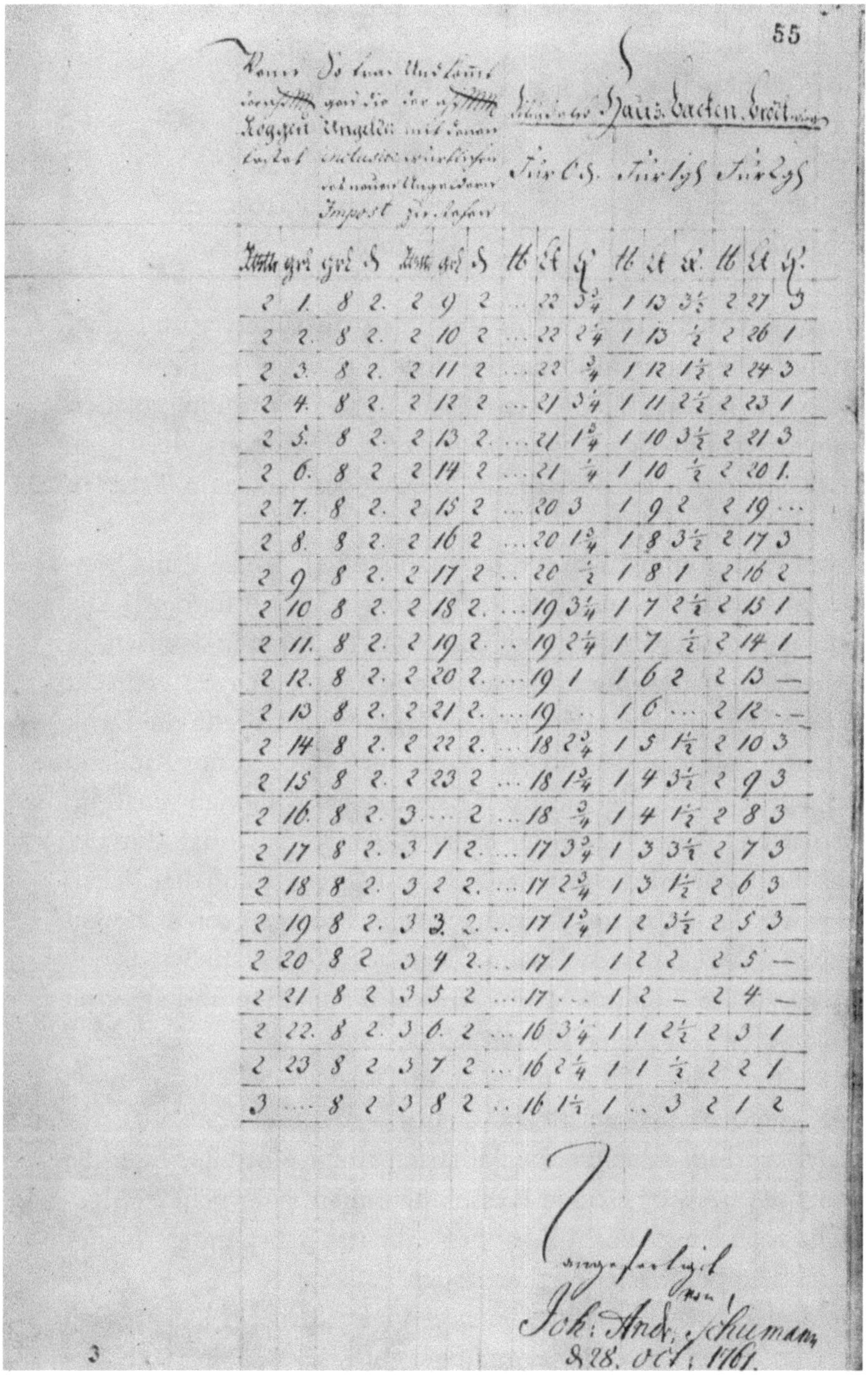

55

Hausbacken Brodt

Für 6 ₰. | Für 1 gr | Für 2 gr

Wispel	gr	gr	₰	Wispel	gr	₰	℔	Lt	Q	℔	Lt	Q	℔	Lt	Q
2	1.	8	2.	2	9	2	...	22	3¾	1	13	3½	2	27	3
2	2.	8	2.	2	10	2	...	22	2¼	1	13	½	2	26	1
2	3.	8	2.	2	11	2	...	22	¾	1	12	1½	2	24	3
2	4.	8	2.	2	12	2	...	21	3¼	1	11	2½	2	23	1
2	5.	8	2.	2	13	2.	...	21	1¾	1	10	3½	2	21	3
2	6.	8	2	2	14	2	...	21	¼	1	10	½	2	20	1.
2	7.	8	2.	2	15	2	...	20	3	1	9	2	2	19	...
2	8.	8	2.	2	16	2	...	20	1¾	1	8	3½	2	17	3
2	9	8	2.	2	17	2	...	20	½	1	8	1	2	16	2
2	10	8	2.	2	18	2.	...	19	3¼	1	7	2½	2	15	1
2	11.	8	2.	2	19	2.	...	19	2¼	1	7	½	2	14	1
2	12.	8	2.	2	20	2.	...	19	1	1	6	2	2	13	—
2	13	8	2.	2	21	2.	...	19	..	1	6	...	2	12	—
2	14	8	2.	2	22	2.	...	18	2¾	1	5	1½	2	10	3
2	15	8	2.	2	23	2	...	18	1¾	1	4	3½	2	9	3
2	16.	8	2.	3	...	2	...	18	¾	1	4	1½	2	8	3
2	17	8	2.	3	1	2.	...	17	3¾	1	3	3½	2	7	3
2	18	8	2.	3	2	2.	...	17	2¾	1	3	1½	2	6	3
2	19	8	2.	3	3	2.	...	17	1¾	1	2	3½	2	5	3
2	20	8	2	3	4	2.	...	17	1	1	2	2	2	5	—
2	21	8	2	3	5	2	...	17	...	1	2	—	2	4	—
2	22.	8	2.	3	6.	2	...	16	3¼	1	1	2½	2	3	1
2	23	8	2	3	7	2	...	16	2¼	1	1	½	2	2	1
3	...	8	2	3	8	2	..	16	1½	1	..	3	2	1	2

ausgefertigt von
Joh: Andr: Schumann
d. 28. Oct: 1761.

Wegen der Teuerung erlassene neue Brottaxe vom 28. 10. 1761

Die Maße waren in Berlin:

1 Taler	=	24 Groschen
1 Groschen	=	12 Pfennige
1 Metze	=	3,5 Liter
1 Scheffel	=	16 Metzen
1 Quart	=	1,15 Liter
1 Pfund	=	32 Lot
	=	485 Gramm

Der Wochenlohn eines Berliner Arbeiters lag zwischen einem und zwei Talern. Für einen Groschen bekam man 1762 in Berlin so wenig Brot, wie niemals sonst in diesem Jahrhundert, nur 17 Lot, also reichlich 250 Gramm. Brot war das Hauptnahrungsmittel, und man rechnete wenigstens $1\frac{1}{2}$ Pfund pro Person täglich.

Einige Preise aus dem Jahre 1748:

1 Pfund Kuhfleisch	1 Groschen
1 Quart Gerstenbier	6 Pfennige
83 Lot Roggenbrot	1 Groschen

ein Paar Rapphäner	1 Taler 8 Groschen,
ein Pfund Rindfleisch	4 Groschen,
dito Kalbfleisch	5 bis 6 Groschen,
Schweinfleisch	6 Groschen,
ein Paar Stiefeln	10 bis 12 Taler,
ein Paar Schuh	2 Taler 12 Groschen,
zu besohlen	1 Taler.

Acht-Groschen-Stück Leipzig, 1758, »Ephraimit«

So ist alles nach atvinant [im Vergleich zu früher] 3 und 4mal so teuer wegen der Münze.
Den 5ten Januari ist die französche Insel Martinique an den Engeländern über gegangen nach wenigen Widerstande.
Der Roggen gilt jetzo in Berlin 6 Taler der Weizen 6 Taler 20 Groschen bis 7 [Taler].
Dieses Jahr kommandieret die franz[ösische] Armee Prinz Soubise und Ettres [Louis Charles César Letellier d'Estrées]. Die Campangne ist eröffnet durch den Prinz Heinrich in Sachsen, in Monat Mai hatten die unsrigen 1500 Mann gefangen gemacht umweit Döbeln. Heute den 30ten Mai wurde in Berlin die Dank Predigt getan in allen Kirchen wegen den Frieden mit Rußland und wurde durch die Garnison befeuert bei Kanonen Knall im Lustgarten. Auch hielte der Herr Ober Konsistorial Rat der Herr Baumgarten diese herrliche Dank Predigt auf den Friedrichs Werder in lauter Reimen, welche Predigt großen Beifall erhielte aus den 147ten Pisalm. Den Monat Mai stießen 20000 Russen zu des Königes Haupt Armee in Schlesien und agierten gemeinschaftlich gegen Österreich.
Den 16ten Juni 1762 ist mein Sohn Gottfried in der Frembde gegangen den Gott geleite.
Im Monat Juni erhielten die Alliierten einige Vorteile wider die Franzosen umweit Hessen Kassel, hatten an 4000 gefangen gemacht auch eine Anzahl Kanonen erbeutet nebst andere Sieges Zeichen an Standarten, Fahnen auch Pauken.
Im Monat Mai ließ meine Tochter Fiebelkorn ein Töchterlein taufen mit welches sie Gott gnädigst entbunden. Den 11ten Juli

wurde der reformierte Prediger Herr Ölrich durch den Herren Inspector Bernhard introducieret.
In diesen Monat ist der Brot Mangel so groß daß man selbiges aus den Fenstern reichen muß wo bei man große Gefahr öfters vor Augen siehet. Gott wolle uns helfen. Und jetzo siehet man was Brot Mangel bedeutet, und wann der Hunger bei den Pöbel eindringet.
Ich hinter lasse dieses zum Denkmal und guten Erinnerung.
In Monat Juni wurde der rusche Kaiser detronisiert, den 19ten Juli wurde man allhier in Berlin in große Bestürzung durch diese Nachricht gesetzet, war bereits auch schon alles zum Flüchten parat. Den 21ten aber wurde uns die Nachricht günstiger indem man erfuhr der Kaiser lebe noch, die Kaiserin ohnerachtet sie gekrönet war doch unsere Freundin bliebe. Noch heißt es die rusche Armee marschiere ab nach Rußland.
Den 23 und 24ten Juli wurden in Küstrin einige österreichsche Krieges Gefangen wegen Malversation [Plünderung] in der Stadt hin gerichtet, gerädert, geköpft auch gehängt. Jeder Mann sei untertan der Obrigkeit.
Den 27ten ging ein Kurier von der alliierten Armee hier durch am König, daß Herzog Ferdinand die Franzosen geschlagen, nählich im Juli. Den Anfang August marschierte die ganze rußsche Armee zu Wasser und zu Lande nach Rußland und der auf gerichtete Frieden von 5ten Mai 1762 wurde bei behalten und bekräftiget von der neuen gekrönten Kaiserin [Katharina II.] und sollte aufs heiligste mit den König von Preußen gehalten werden.
Es verkauften auch die Kosaken zu großen Mengen die Pferde in Berlin. Es wird zuverlässig gesprochen der Kaiser Peter der 3te ist den 17ten Juli Todes verblichen in Rußland. Auch spricht man jetzo vor gewiß daß Engeland, Frankreich und Spanien Frieden gemacht hätten. Gott gebe Gnade darzu. Es ist dieses Gerichte [Gerücht] auf einmal wieder verschwunden.
Im Monat Octobris ging die Festung Schweidnitz an den König von Preußen über mit accord mit 5 Generals und einige dausend

Katharina II. von Rußland, Gemälde von Michail Schibanow, 1789

Zar Peter III. wurde am 17. Juli 1762 von einem Günstling seiner Gattin ermordet. Katharina II. erwarb mit der Ausschaltung ihres regierungsunfähigen, in infantiler Schwärmerei für Friedrich II. befangenen Gatten den notwendigen Freiraum für eine unabhängige Politik des russischen Reiches.

Bekanntgabe des Friedens von Petersburg vom 5. 5. 1762 in Berlin, Kupferstich von Johann David Schleuen

Krieges Gefangene. Die Stadt elend zerschossen und ruinieret. Im Monat Octobris schlug des Königs Bruder Heinrich ohnweit Freiberg die österreichsche Armee unter den Prinzen von Stallberg [Christian Karl von Stolberg] Kommando. 3 000 Tote, 5 000 gefangen, 3 Generals, 30 Kanonen nebst andern Zeichen. Im Monat Novembris war der völlige Friede mit Engeland, Frankreich, Spanien, Portugal bublicieret mit einbegriff Preußen und marschierten selbige Truppen auseinander nachdem kurz zuvor Hessen Kassel an den Alliierten über gegangen. Hierauf ging die preußsche Armee sowohl die österreichsche Armee in die Winter Quartiere, der König hatte sein Haupt Quartier in Leipzig, der Prinz Heinrich in Freiberg. Auch marschierte der General [Friedrich Wilhelm Gottfried Arnd von] Kleist mit einen Corps Preußen nach Nürrenberg, Bamberg und weiter in Reich, brachte etliche Millionen Geld zusammen, ravagierte [verheerte] trefflich im Reich, verstärkte sich mit etliche 1 000 Mann Rekruten, nahm den Nürrenbergern ihr Geschütz auch Gewehr ab sowohl den Bambergern. Der Rückzug geschahe ohne Schaden der unsrigen mit der schönsten Contenance.

Im November 1762 handelten die rivalisierenden Kolonialmächte — Frankreich und das seit 1761 mit ihm verbündete Spanien einerseits und Großbritannien andererseits — in Fontainebleau eine Neuaufteilung der Welt aus, die am 10. Februar 1763 im Frieden von Paris bestätigt wurde. Das bürgerliche Großbritannien war nun die bedeutendste Seemacht und größte Kolonialmacht. Das absolutistische Frankreich büßte Einfluß und Ansehen in Übersee und in Europa ein.

1763

Den 16ten Februari wurde die Königin mit großen Solennitäten der Bürgerschaft eingeholet. Selbigen Abend brachte ein Feld Jäger die Nachricht von Frieden [zwischen] Preußen, Österreich und Sachsen. Gott sei gelobet vor diesen frohen Tag. Er walte ferner mit seine Gnade und lenke die Herzen der Fürsten daß Friede und Gerechtigkeit einander wieder begegnen möge. Amen.

Kurz vor diesen Frieden, da man schon spacierte davon, verringerte sich der Preis von Gedreide der Gestalt daß der Weizen von 7 Taler pro Scheffel auf 4 Taler, der Roggen von 6 Taler pro Scheffel bis 4 Taler, die Gerste von 5 Taler bis $3\frac{1}{2}$ Taler

Dieser Friedensschluß zwang endlich auch die deutschen Gegner an den Verhandlungstisch. Auf Schloß Hubertusburg wurden am 15. Februar 1763 die Friedensurkunden unterzeichnet. Preußen behauptete Schlesien und damit die Position einer europäischen Großmacht. Es mußte Sachsen räumen und der Wahl von Maria Theresias Sohn Joseph zum Kaiser des »Heiligen Römischen Reiches deutscher Nation« zustimmen.

Das bettelnde Soldatenweib, Radierung von Daniel Chodowiecki, 1764

runter kam in den Markt Preis, worunter Bäcker auch Brauer ein groß Kapital verloren.

Diesen Monat Februar wird ganz Sachsen geräumet von den brandenburgschen Völkern, den 26ten Februari rückte das erste Regiment hier ein, Forcade genannt.

Die ganze Armee war diesen Monat in voller Bewegung auseinander zu gehen in ihre Stand Quartiere. Den 5ten Marti auf des Königes Namenstag wurde der Friede zwischen Brandenburg, Österreich und Sachsen mit Trompeten und Paukenschall durch einen wohl geschmückten Herold in Begleitung eines Detaschment Gensdarmes publicieret, und darauf den Sonntag als den 6ten die Dank Predigt gehalten aus dem Johannis am 14. Kapitel Vers der 27te.

Den selben Sonntag kam das Frei Regiment nebst zwei andere Regimenter, das Frei Regiment wurde in Lustgarten desarmiert. Desgleichen wider fuhr alle Frei Regimenter, sie wurden unter denen regulären Regimentern versetzet, die Officier wurden alle abgedanket, die reguläre Regimenter wurden alle auf den alten Fuß gesetzet wie sie aus marschieret imstande waren, sowohl Kavallerie als Infanterie, Artillerie.

Den 30ten Marti abens zwischen 8 und 9 Uhr wurde der König durch den prächtigsten Aufzug der Bürgerschaft zu Pferde und zu Fuß jedoch bei brennenden Fackeln eingeholet, welches die Bürgerschaft schmerzlich rührete. Es wurde zu dieser prächtigen Einholung des Königes diesen Tag von der vielen in Escadrons eingeteilten Bürgerschaft vor ein Miets Pferd 15 bis 24 Taler bezahlet. Den 4ten April wurde illuminieret und waren Illumminations in Berlin zu sehen die einige 3, 6 bis 8000 Taler vor manchen Hause gekostet haben.

Das böse Geld war noch bis dato im Gange wodurch die Lebens Mittel immer in höhern Preis stiegen. Ein alt Huhn kostet jetzt 1 Taler 12 bis 14 Groschen, 1 Pfund Butter 18 bis 20 Groschen, 1 Pfund Licht 16 bis 18 Groschen, 1 Metze Erbsen 20 Groschen, Bohnen dito, Grauben 1 Taler 2 Groschen. Fleisch war diese Oster Ferien fast nicht zu bekommen. In Schlesien ist jetzo an

Die Verluste der Berlinischen Regimenter waren wie die der ganzen Armee hoch. Von dem Grenadierregiment Linden, das eine Sollstärke von 1850 Mann hatte, kehrten jetzt nur 50 der Soldaten heim, die 7 Jahre zuvor ausmarschiert waren.

Die Freude der Bürgerschaft beim Einzug des Königs war getrübt, da Friedrich sich dem Jubel entzog und auf Nebenwegen ins Schloß ritt. Griesgrämigkeit und Menschenscheu des früh alternden Königs machten sich nach den Enttäuschungen und Niederlagen des langen Krieges bemerkbar.

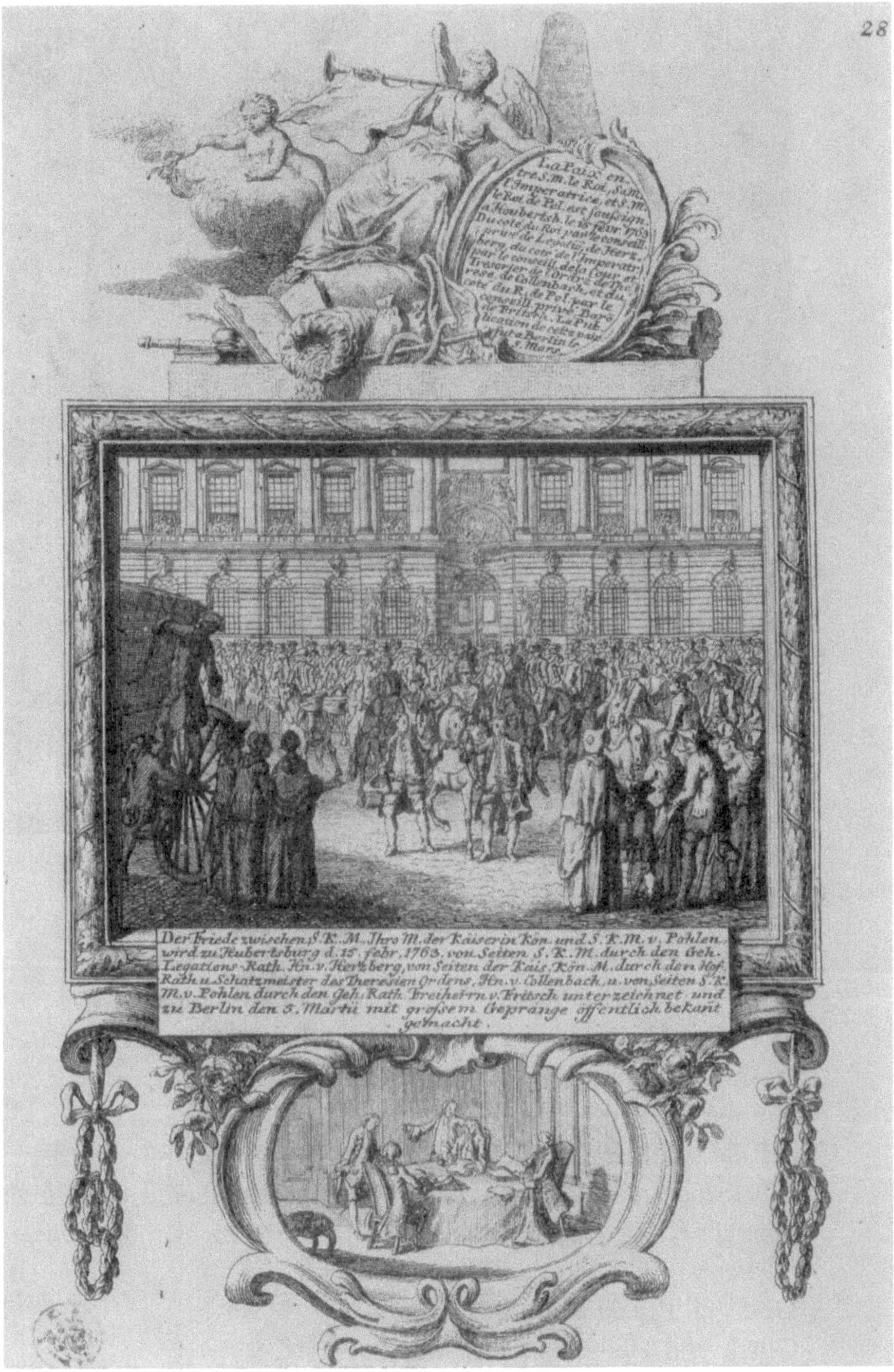

Bekanntgabe des Friedens von Hubertusburg vor dem Zeughaus in Berlin am 5. 3. 1763, Kupferstich von Johann David Schleuen

Illumination in Berlin angesichts des Hubertusburger Friedens, Kupferstich von Johann David Schleuen

manchen Ort die Not jetzo noch so groß gewesen daß die armen Land Leute geschundene Pferde haben essen müssen vor Not und Hunger welches von unsern einmarschierenden Soldaten erzählet worden ist. Gott unser Schöpfer lasse uns dergleichen nimmer wieder erleben und lasse diesen Frieden feste stehen bis auf die späteste Jahre und lenke die Herzen der Fürsten dahin daß Friede und Gerechtigkeit einander küssen und daß dieser schwere Krieg von den kleinesten Kindern nicht möge wieder erlebet werden. Und dabei zu beten.
Gott geb Friede in unsern Lande,
Glück und Heil zu allen Stande.

1763 den 1ten Juni ging der Geld Krieg an und kam ein Königliches Münz Edict zum Vorschein nach welchen die sächsischen Münz Sorten leider regulieret wurden.
Ein 8 Groschen Stück [gilt] 4 Groschen 6 Pfennige, ein 2 Groschen Stück [gilt] 10 Pfenning, ein Groschen Stück 5 Pfennig. [Für] 113 Taler [in] sächsische 1 Groschen Stücken bekam man nicht mehr als 50 Taler brandenburgische 1 Groschen Stücken. Hieraus ist zu schließen was jetzo der Bürgerstand leidet. Vor ein sächsisches 6 Pfennig Stück wollte kein Mensch 1 Pfennig geben.
Dieses ist die erste Tour nach den schweren Kriege mit den Gelde. Es hatte mancher zu dieser Zeit schön Geld verloren und nicht wieder bekommen. Die Judenschaft wurde zu dieser Zeit sehr reich, den Christen ihre Schätze wurden klein und gering.
Das Juden Zeug erhob sich der Gestalt daß sie Pferde ritten von 100 Ducaten, sie kauften die vornehmsten Häuser in Berlin, ihre Pracht war sehr hoch gestiegen. Sie waren auch zu dieser Zeit die Münz Meisters.
Der König bauete dieses Jahr in Potsdam ein prächtig Schloß vor der Stadt hinter Sanssouci an den Bergen 1763.
Auch wurde vor den Weiden Damm das große Kasarnen Haus erbauet. Für die Kanonier desgleichen vor den Königs Tor auf den Jacobs Kirchhof.
Der Nachwelt zur Erinnerung von vor angeführte Münze. Ich habe vor 2293 Taler sächsische zu dieser Zeit in währenden $6\frac{1}{2}$ jährigen Kriege geprägte 1 Groschen, 2 Groschen auch 8 Groschen Stücke bekommen leichte brandenburgische 1 Groschen Stücke 908 Taler. Hieraus wird die Nachwelt erkennen was das brandenburgsche Land jetzo verloren. Die konigliche Abgaben mußten dennoch alle mit schweren Gelde nämlich alter Münze bezahlet werden.
1763 den 10ten October hielte ein türkischer Gesandte seinen Einzug, ihm begleiten eine $\frac{1}{2}$ Escadron Kürassier und [mit] seiner Janitscharen Musik. Er heißet mit Namen Achmet Effendi, ein Mann von etliche 70 Jahre. Er wurde einlogieret in der Wil-

Groschen, Berlin, 1769

Schrittweise ließ der König von Ende 1762 bis 1764 das minderwertige Kriegsgeld durch Münzen ersetzen, die wieder nach dem alten Fuß, das heißt zu 14 Talern aus einer Mark Feinsilber, geprägt waren. Dabei wanderten die sächsischen Acht-Groschen-Stücke, die der Münzpächter Ephraim in Leipzig geprägt hatte, die berüchtigten »Ephraimiten«, in besonders großer Menge in die Münzen. Arbeiter und Handwerker hatten diese Geldstücke während des Krieges als Lohn und Zahlung nehmen müssen, während die königlichen Kassen die Annahme verweigerten.
Der König konnte sich auch bei diesen Maßnahmen hinter seinen Münzpächtern verbergen, die den Zorn des Volkes zu tragen hatten.

Prospekt des Königlichen Palais bei Potsdam, Kupferstich von Johann David Schleuen

helmsstraße in den Vernezoberschen Hause. Hernach kam er zur öffentlichen Audienz den 21ten Novembris mit großen Solennitäten und wie man saget hätte der König dieses Mal ein Kleid gehabt deren Knöpfe lauter Brillanten gewesen wären. Die erste Audienz hatte er den 17ten dieses Monats bei den [Karl Wilhelm], Graf [Fink] von Finckenstein als Ersten Kabinett Minister, bei Ihr Magistät dem König 8 Tage hernach. Der König hat nichts als seine Schlachte Mondur [Felduniform] angehabt.

1764 den 3ten April wurde Erz Herzog Josefus [Joseph II.] zum Römischen Könige erwählet in Frankfort am Maien, auch daselbst gekrönet mit großen Solennitäten in Gegenwart des

Einzug des türkischen Gesandten Resmi Achmed Efendi in Berlin, Kupferstich von Johann David Schleuen

Sechs Türken aus dem Gefolge des Gesandten Resmi Achmed Efendi, Kupferstich von Daniel Chodowiecki

Erzherzog Joseph II., der Sohn Maria Theresias, wurde am 27. März 1764 zum römischen König erhoben und am 18. August 1765, nach dem Tod seines Vaters Franz II., zum römisch-deutschen Kaiser gewählt. Von da an war er Mitregent seiner Mutter. Erst nach deren Tod 1780 wurde er auch König von Ungarn und Alleinherrscher.

Resmi Achmed Efendi war als Defterdar (Reichsfinanzminister, 2. Kammerpräsident) einer der höchsten Würdenträger des Osmanischen Reiches und der Vertraute des Sultans. 1758 reiste er als Gesandter nach Wien. Als Spezialist für mitteleuropäische Politik führte er die während des Krieges geknüpften Kontakte zu Preußen fort. Sie hatten notwendigerweise antiösterreichische und antirussische Akzente.

ganzen Römischen Reiches, [und der] Herren Gesandten auch des Römischen Kaisers.
Den 20ten April hatte der türksche Gesandte Achmet Effendi seine Abschieds Audienz beim Könige in Beisein des ganzen Hofes und [der] Generalite. Den 2ten Mai trat Achmet Effendi seine Rei[se] an nach Konstantinopel mit seinen Gefolge. Er wurde convoiieret [begleitet] mit ein stark Detachement Husaren. Es hatten sich unterschiedene Mädgen und Jungens bei der türkschen Suite angegeben umb mit zu gehen nach der Türkei, sie bekamen davor das Arbeits Haus zum Lohn.

1764

Dieses Jahr ging es eben wie in vorigen Jahre mit den Gelde. Von 1ten Juni galt [ein] preußisches [Acht] Groschen Stück was 1763 geschlagen war nicht mehr als 4 Groschen 10 Pfennige. Ein Groschen galt 5 Pfennige. Ein 6 Pfennig Stück wollt niemand vor 2 Pfennig nehmen.

Der Brot Mangel [war] ohn erachtet ein 2 Groschen hausbacken Brot 5 Pfund 25 Lot wog und eines dito Weiß Brot 5 Pfund 3 Lot, so groß, daß man mit Furcht die Türe auf machte. Dieses dauerte 3 bis 4 Wochen sowohl mit Semmel als Brot, und war hieran schuld weil wir auf eine uns auf gedrungene unrecht mäßige Taxe backen mußten. Dennoch zwei Meister vom Bäcker Gewerk vors Berlinsche Rathaus gestellet wurden mit Schand Zettel wegen ein oder zwei Lot [die der] Semmel am Gewicht [fehlten]. Es war auch diesen Monat Juni das Fleisch so rar wie man vor der Zeit noch nie in Berlin erfahren, da ich jetzo in dieser betrübten Zeit schon mein Alter bis 62 Jahr erreicht habe, dergleichen aber noch nie erlebet. Die neue Taxen von allen Lebens Mitteln waren sehr wohlfeil auf geführet, das böseste aber war man konnte nichtes davor kaufen weil der Bauer nichtes davor bringen wollte.

Mußte man sich also an dieser billigen Taxe ergötzen. Da auch anfangs der Bauer was brachte so wurde es ihm von Pövel ohn Geld abgenommen weil ein jeder gerne von dieser geschwinden wohlfeilen Zeit profitieren wollte.

In Monat Juli war die braunschweigische Familie hier zu Gaste, auch der Landgraf [Friedrich II.] von Hessen Kassel. Wurde auch sogleich Verlobung mit einer Prinzessin von Braunschweich mit unsern Kronprinz Friedrich Wilhelm [gefeiert].

Dieses Jahr wurde der Haufen Kirchen Holz noch mit 22 bis 24 Taler alt Geld bezahlet.

In Monat October wurde die polnische Königes Wahl an Stanislaus Poniatofskin [Stanislaw August Poniatowski] glücklich vollen zogen. In währender Wahl stand unser König Friedrich

Der König versuchte, mit administrativen Maßnahmen die Kriegsfolgen zu beheben. Die billigen Preistaxen konnten aber den Mangel nicht ändern. Der preußische Staat und seine Hauptstadt gerieten in den Strudel der europäischen Nachkriegskrise. Eine Welle von Bankrotten ergriff die Unternehmer, und die Arbeiter traf der Niedergang der Woll- und Seidenproduktion.

der 2te mit 40000 Mann bei Breslow. Rußland von der andern Seite mit 60000 Mann. In December geschahe die solenne Krönung an selbigen.

1765

Nahmen die russische Truppen Winter Quartiere im Danziger Werder. Folgendes schrieb eine Hamburger Zeitung den 23ten Februari 1765, Numero 32, genannt die Prätensiones des Königes von Polen an die Stadt Danzig: 1) das Inventarium von der Pfarr Kirche, bestehet in viele Millionen, 2) das Pfahlgeld künftig, 3) den ganzen Danziger Werder welcher zu Kasemir des Königes Zeiten versetzet wurde an den Danzigern, die Interessen [Zinsen] haben seit der Zeit das Kapital zwei mal überstiegen, 4) Genugtuung wegen genommener Freiheit des Münzens, 5) eine zweite Strafe wegen der Einrichtung der Einnahme der Akziese und [daß] der König selbe revenuen [Einkünfte] ziehen, 6) die Zulage Gelder und wer ihnen die Erlaubnis gegeben selbige zu errichten, 7) künftig Geld aus zu prägen wie die Nachbaren, 8) alle Freiheiten von Augusto den 3ten fallen weg.
Diesen Monat Februari übergab der Markgraf von Bareuth [Bayreuth] unsern König selbige Regierung gegen eine jährliche Pension an vor gedachten Herrn Markgraf von zwei mal hundert dausend Taler und wird er künftig allhier residieren. Ein gleiches wurde mit Anschbach [Ansbach]. Ist nichts geworden von diesen [Abmachungen].

1765

NB. wegen Ansbach und Bayreuth wurde widerrufen im Monat Marti.
1764 im Monat Novembris geschahe in Königesberg in Preußen eine große Feuersbrunst wodurch 350 Häuser in der Asch [ge-

Nach dem Tode Augusts III., Kurfürst von Sachsen und König von Polen, einigten sich Preußen und Rußland gegen Österreichs und Frankreichs Interessen über die polnische Königswahl. Eine erneute sächsische Kandidatur wurde verhindert und der schwache Pole Poniatowski, ein ehemaliger Günstling Katharinas II., auf den Thron gesetzt. Dies war ein Ergebnis der preußisch-russischen Allianz, die am 11. April 1764 ein Bündnisvertrag besiegelte. Die Ziele der Polenpolitik waren indessen unterschiedlich. Katharina II. wollte ein schwaches, von Rußland abhängiges Gesamtpolen, Friedrich II. strebte von vornherein nach einer Annexion polnischer Gebiete für eine Landbrücke zwischen seinen Stammlanden und Preußen.

Stanislaw August Poniatowski, letzter polnischer König, Lithographie nach einem Gemälde von Elisabeth Vigeé-Lebrun

legt] nebest 4 der schönsten Kirchen [und] das Große Friedrichs Hospital. 1765 im Monat April traf das Unglück diese Stadt noch einmal mit einen heftigen Brande, wodurch 20 Häuser in der Aschen geleget wurden. Gott helf die Abgebrannten durch Mitleidende.

Den Monat Juli starb die Markgräfin von Schwedt. Den 14ten Juli wurde die Vermählung des Prinzen von Preußen Friedrich Wilhelm mit der Prinzeß Elisebeth Christina Ulrika von Braunschweig, des Königes von Preußen Schwester Tochter [gehalten]. Es geschahe in Scharlotten Burg. Den 15ten wurde daselbst ein prächtig Feuerwerk abgebrannt. Es war des Koniges von Engeland Bruder bei diesen Beilager zugegen, der Herzog von Gork [York]. Im Monat Augusti wurde die Stempel Kammer verändert mit mehr als zwei mal hundert dausend Taler Vorteile [für] den König. Desgleichen wurde der Tobak in einer General Pacht von eilf mal hundert dausend Taler gebracht. Dieses fing in Monat Septembris an und wurden mehr als 500 Bediente darzu angenommen zu Pferde auch zu Fuß.

Im Monat September war die Stadt Nauen unglücklich durch Brand, in dem etliche 80 Scheunen abbrannten voller Getreide, nebst einige 20 Bürger Häuser. Gott helfe die Not leidenden mit Segen.

Auch wurde dieses Jahr die Stempel Kammer in Pacht gesetzet in ein hundert und siebenzig dausend Taler, auch mußten alle Kaufleute ihre Handlungs Bücher mit einen Stempel jährlich a 10 Taler bezahlen, auch wurde eine Königliche Banko errichtet in alten Jäger Hof.

Infolge von Krieg und Nachkriegskrise sanken die Steuereinnahmen drastisch. Der König ergriff eine Reihe von Maßnahmen, um die Staatskassen zu füllen. Dazu gehörten die Einrichtung einer staatlichen Versicherungsgesellschaft und der königlichen Bank ebenso wie die teilweise wirtschaftsschädigende Einrichtung von Handelsmonopolen, wie Tabak-, Holz- und Baumwollmonopol.

1766

Den 24ten Januari bezog der Prinz Heinrich sein Pallais auf der Dorotheenstadt mit des Königes Geburtstag, der König mit der ganzen Familie speiseten in diesen Palast zum ersten Mal und wurde Ball [gefeiert].

Prinz-Heinrich-Palais, Radierung von Johann Carl Wilhelm Rosenberg

Den 1ten Juni erließ der König laut einer neuen Auflage die Krieges Metze, Akzise auch Ziese. Die neue Auflage wurde auf Bier, Wein und Materialien geleget. Das Brot und Semmel nahm auf einmal zu, daß vor 1 Groschen Semmel von 26 Lot auf 1 Pfund $1\frac{1}{3}$ Lot gesetzet wurde.
Vor 2 Groschen Weiß Brot nahm zu von 4 Pfund 1 Lot, wurde 4 Pfund 21 Lot 3 Quentin. 2 Groschen hausbacken Brot [von] 4 Pfund 18 Lot 3 Quentin wurde gesetzet auf 5 Pfund 10 Lot 3 Quentin. Ob es also verbleiben wird, wird die Zeit lehren. Es kamen zu dieser neuen Ein Richtung viele Franzosen aus Frankreich allhier an.
Den 8ten Januari begab sich mein Sohn Heinrich Wilhelm Heyde unter der Artillerie als Bombardier unter des Herrn Hauptmann Rees Compagnie, aus eigener Begierde und Lust.
Dieses Jahr legte der Herzog Ferdinand von Braunschweig [-Lüneburg] alle seine Scharßen [Chargen — Ämter] nieder sowohl den preuschen Adler Orden und nahm hierauf seine Demission.
Mit Ausgang Medio Juni dieses 1766te Jahr war der jetzt regierende Römische Kaiser Josephus unsern Grenzen sehr nahe

Die neue Steuerverwaltung des Jahres 1766, die sogenannte Regie, legte Friedrich II. ganz in die Hände französischer Fachleute, die die Methoden der Aussaugungspolitik des französischen Absolutismus mitbrachten. Die neuen Akzisetarife verteuerten fast alle Lebensbedürfnisse, nur 7 Prozent der Einnahmen kamen aus der Besteuerung von Luxuswaren. Die Regiebeamten zogen sich so den Haß der Bevölkerung zu.

Herzog Ferdinand von Braunschweig-Lüneburg (1721—1792) war preußischer Generalfeldmarschall und von November 1757 bis Dezember 1762 Oberbefehlshaber der Truppen im Westen Deutschlands.

Einzug der französischen Regie-Beamten, Kupferstich von Daniel Chodowiecki

bei Kloster Zinna zwei Meilen nur entfernt. Der König reisete nach Zinna und es wurde durchgängig geglaubet diese beide große Monarchen würden sich besprechen, es ist aber zu Zweifflen geworden.

Mit Ausgang Medio Juli bezog die Prinzeß Amalie ihr Palais unter die Linden Allee der Dorotheenstadt. Der Kaiser heißet Josephus der Zweite. Er hat bei seinen Aufenthalt in Dresden den 16jährigen Kurfürsten vor majorenn erkläret.

1766 wurde auch sämbtliche Königliche Holz Einnahme allhier in Berlin verpachtet an gewisse Pächter auf 10 Jahre, daß ein Haufen Kirchen Holz vom Bürger bezahlet werden muß mit 17 Taler 10 Groschen. Ein Haufen Eichen auch Erlen mit 19 Taler 12 Groschen, Büchen und Bürken mit 20 Taler 12 Groschen, und wurden sämbtliche particulären Holz Handlungen entsaget.

1767

Die Unterdrückung der sogenannten Dissidenten — der Lutheraner im polnischen Preußen und der Orthodoxen in den weißrussischen und ukrainischen Teilen Polens — diente Preußen und Rußland als Vorwand für die Einmischung in Polen.

Wurde den Protestanten lutherisch und reformiert in Polnisch Preußen Confederation zugelassen, absonderlich Thoren, wegen den Religions Freiheiten und [erlaubt] alle weggenommene Kirchen wieder ein zu räumen. Dieses beschützte Rußland und der König von Preußen. Wie es noch ablaufen [wird], wird die Zeit lehren. Es seind bis jetzo Monat Mai in Polen schon wirklich

Ferdinand Herzog von Braunschweig,
Radierung von
Johann Friedrich Bause

über 50 bis 60 dausend Mann eingerücket und genießen die Dissendenten allen Schutz.

Dieses Jahr trat der Herzog Ferdinand alle seine Scharsen [Chargen] wieder an. Widerrufen. Auch wurde die Kronprinzessin mit einer Prinzessin entbunden in Potsdam. Den 9ten Juli geschahe die Beisetzung des jungen Prinzen von Preußen Heinrich zum Brandenburger Tor herein mit zwei Escadron Kurassier und so nach der Dom Kirche bei Fackeln.

Den 6ten Juli brannten in der altemarkschen Stadt Ahrenburg [Arneburg] durch eine Verwahrlosung 130 Häuser ab ohn zu retten, nebest der schönen alten Kirche.

Den 25ten Juli wurde Beilager des Fürsten [Leopold III.] von Dessau mit Markgraf Heinrich [Friedrich von Brandenburg-Schwedt] seine älteste Prinzessin [Luise Henriette Wilhelmine] in Scharlotten Burg gehalten. Herzog Ferdinand blieb weg.

Den 3ten Octobris kam der Prinz von Oranien als Erbstatt Halter in Holland allhier in Berlin an. Den 4ten geschahe die feierliche hohe Einsegnung mit der einzigen Prinzeß von Preußen, Wilhelmine, des jetzigen Kronprinzen einzigen Prinzessin Schwester, die Gott segnen wolle.

Nach diesen Festivitäten kehreten selbige nach dero Residenz Ley Warden [Leeuwarden] mit dero Prinzeß Gemahlin nach Holland zurücke.

NB. Die Einsegnung geschahe sowohl [als] das Beilager auf hiesigen königlichen Schlosse.

In Monat Novembris starb eine österreichische Prinzessin welche in wenige Tage sollte mit den König von Neapel vermählet werden. Selbiger König von Neapel vermählete sich 1768 mit einer Prinzeß Schwester von der abgeschiedenen.

Am 29. Februar 1768 bildete sich im ukrainischen Städtchen Bar eine patriotische polnische Adelskonföderation. Sie beschloß den bewaffneten Kampf gegen die im Lande stehenden russischen und preußischen Truppen. Die Konföderation erhielt die Unterstützung Frankreichs, Österreichs und auch der Türkei, die dies zum willkommenen Anlaß nahm, den russischen Einfluß im Kaukasusgebiet und in Polen zurückzudrängen.

1768

1768 war in Polen wegen den Dissendenten große Rebellion in ganz Polen von denen Katholiken, und wurde Polen dieses Jahr ein Teil aufgerieben. Auch kündigte dies Jahr der Türke Rußland den Krieg an weil sich Rußland und Preußen der Religion annahmen. Marschierten auch Türken und Russen im Monat Decembris schon nach der Ukrän [Ukraine] und Wallachei.

Der große Komet des Jahres 1744 mit fünf Schweifenden über Augsburg, zeitgenössischer Stich

1769

In diesen Jahre geschahe die zweite Einsegnung und Vermählung des Prinzen von Preußen Königliche Hoheit mit der zweiten Prinzessin von Hessen Darmstadt. Gott lasse es wohl geraten. Dieses geschahe in Scharlotten Burg den 14ten Juli sonder großes Gepränge oder viele Umbstände. Den 13ten Juli ist es mit den Russen und Türken bei Cozim [Chotin] in der Ukräne zu einen Treffen gekommen wobei die Russen den Sieg erhalten.
Im Monat Augusti bekam der König eine Zusprache in Neuße [Neiße] vom Römischen Keußer in höchst eigener Perschon und wohnten die Revuen daselbsten bei einige Tage. Den 30ten Augusti des Morgens frühe umb 3 Uhr hat sich abermal ein großer Komet gezeiget am Himmel nach der Morgenseite zu.

Der französische Astronom Charles Messier (1730—1817) entdeckte diesen Kometen am 8. August 1769. Von Ende August bis Mitte September war er auf Grund seines großen Schweifes in Berlin mit bloßem Auge sichtbar. Noch immer herrschte der Aberglaube, daß Kometen Unheil ankündigten.

Der russisch-türkische Krieg begünstigte eine vorsichtige Annäherung Preußens und Österreichs. Es fanden zwei Begegnungen zwischen Friedrich II. und Joseph II. statt, der ersten im schlesischen Neiße vom 25. bis 28. August 1769 folgte eine andere auf österreichischem Gebiet vom 3. bis 6. September 1770 in Mährisch-Neustadt.

Im Monat Juli wurd die Ziese und Krieges Metze von Weizen wieder von den Bäckern genommen laut Königlichen Special Befehl.

Im Monat August trat Rußland [mit] Preußen [und] Österreich in Allianz. Auch besprach sich diesen Monat August der König in Preußen mit den Römischen Kaiser in Neuß in Schlesien. In August und September sein die Türken noch 3mal geschlagen von den Russen, verloren auch die Festung Cozim mit 200 große metallen Kanonen, desgleichen Gassig [Jassy], die Festung, und waren die Türken in der größesten Verwirrung den ganzen Winter hindurch. Ist weder mit den Türken [noch] auch Confederierten Ruhe gewesen, auch schickte Rußland eine große Krieges Flotte nach den Archipilago [Archipelagus — griechischer Archipel].

Friedrich II. besucht Joseph II. in Mährisch-Neustadt 1770, Kupferstich von Daniel Chodowiecki

1770

In der Mitte vom Monat Marti fiel ein gewaltiger Schnee wodurch alle Posten und Paschagen gehemmet wurden. Einige Tage darauf ein so starker Frost bis Ausgang Marti.

Juli wurden die Türken von den Russen bei Morca [türk. Morea — der Peloponnes] zur See geschlagen [Schlacht bei Çeşme]. Monat Juli wurden die Türken von der ruschen Armee zwischen den Niester [Dnjestr] und der Donow [Donau] in einer Haupt Bataille sehr geschlagen, wie man sagte daß die Einbuße von den Türken an die 20000 wäre.

Auch wurde diesen Monat Juli der Danziger Werder mit einige dausend preußsche Truppen besetzet, wegen Umbstände.

Auch wurde mit Ausgang Juli zur Landes Freude ein Prinz von der Prinzeß von Preußen geboren und ihm der Name Friedrich Wilhelm [Friedrich Wilhelm III.] beigeleget. Die Paten waren unser König Friedrich, der Römische Kaiser Joseph, die jetzige Kaiserin von Rußland Kathrina, der Landgraf von Zwei Brück, die Kurfürstin von Sachsen. Gott lasse ihm grünen und blühen den ganzen Lande in Gottes Furcht zur Freude der Nachwelt.

Sieg der Russen über die türkische Flotte in der Bucht von Çeşme am 5. 7. 1770, Kupferstich von Canot

Monat August wurd die Türken von den Russen abermalen geschlagen, verloren 140 Kanonen, 11000 tausend gefangen, 7000 Tote. Monat Septembris wohnte der König in Mähren Neustadt das österreichsche Maneverieren bei.
Dieses Jahr fing der König an große Häuser zu bauen auf der Dorotheenstadt unter den Linden.
Mit Ausgang Septembris ist die Festung Bendern[Bendéry] von den Russen mit Sturm erobert worden in einen großen Massacre, 30000 Menschen [tot].
Monat Octobris war die Kurfürstin von Sachsen hier in Berlin, auch kam diesen Monat Octobris der Prinz Karl von Schweden allhier zu Gaste. Auch besuchte unser Prinz Heinrich des Königes Herr Bruder dieses Jahr Stockholm, auch Petersburg.

1771

Mit Anfang dieses Jahres wurden die Türken von den Russen wieder zur See geschlagen umbweit den Dardinellen [Dardanellen] beim Archipilago.

Unter den Linden standen nach dem Tiergarten zu noch immer zweistöckige unscheinbare Wohnhäuser, die um so mehr das Mißfallen des Königs erregten, als am Ostende der Straße das Opernhaus und die Palais des Prinzen Heinrich und der Prinzessin Amalie prunkten. Deshalb befahl der König den Anliegern, ihre Häuser abzureißen und neue vierstöckige im italienischen Stil zu errichten. Bis 1776 entstanden allein in dieser Straße 44 Häuser, teilweise aus den königlichen Kassen finanziert.

Prinz Heinrich brachte bei seinem Besuch in Petersburg die Teilung Polens ins Gespräch. Preußen hatte zuvor schon Teile des Landes besetzt, angeblich um die Stammlande vor einer Seuche zu schützen. Österreich tat südlich von Kraków ein Gleiches. Der Krieg mit den Türken und der anhaltende Widerstand der polnischen Adelskonföderation machten die Zarin den Plänen geneigt.

Rumjanzews Sieg über die Türken 1770,
Kupferstich von Daniel Chodowiecki

Rußland gelang in diesem Jahr die Besetzung der Krim. Trotz militärischer Niederlagen war die Türkei nicht zum Friedensschluß bereit. Vor allem Österreich und Frankreich bestärkten den Sultan in dieser Haltung.

Der Roggen gilt 2 Taler, der Weizen 2 Taler 8 bis 10 Groschen mit Ausgang 70 bis 71 Februar. Gersten 1 Taler 6 bis 7 Groschen, Haber 23 Groschen auch einen Taler, Erbsen 2 Taler 4 bis 8 Groschen. Es verlangete ein jeder das gröbeste Haus backen Brot lieber zum Essen als Weißbrot und sogar Standes Perschonen.
Im Monat Augusti wurden die Türken in Archipilago durch den ruschen Admiral Pirito [Grigori Andrejewitsch Spiridow] und Arfft mit 55 Schiff total geschlagen und verbrannt.

Im Monat Novembris wurde der König von Polen in Warschow den 3ten des Abends aus seiner Kutsche von den Confederierten aufgehoben, aus Warschow weg geführet, von einen der Confederierten namens Kossinski wieder befreiet, mit einige Plessuren nach Warschow wieder gebracht. Dieser hatte des Königes Leben erhalten.
Dieses Jahr waren der König von Schweden mit seinen jüngsten Bruder allhier in Berlin auf wenige Tage zu Gaste bei König. Mit Anfang Dezembris kam die verwitwete Königin von Schweden allhier zu Gaste mit ihrer Prinzessin Tochter.
Der Roggen galt bis jetzo noch 2 Taler 20 bis 21 Groschen, der Weizen 2 Taler 21 Groschen auch 22 Groschen, die Erbsen 2 Taler 18 Groschen, die Gerste 1 Taler 20 bis 22 Groschen, der Haber 1 Taler 12 bis 15 Groschen.

Es war der Höhepunkt einer schrecklichen, ganz Europa ergreifenden Hungersnot nach mehrjährigen Mißernten. Das Brotgewicht fiel zwar nicht auf den Tiefpunkt des Jahres 1762, aber auch in der Hauptstadt verhungerten unzählige Menschen. In Scharen kamen die Hungernden aus den Dörfern und Kleinstädten nach Berlin. Ruhr und Hungertyphus breiteten sich aus.

Taler, Berlin, 1768

Bettler in den Zelten im Tiergarten, Radierung von Daniel Chodowiecki

1772

Im Monat Januari konspirierten die beiden Primie Ministri, der Graf Strubensee [Johann Friedrich von Struensee] und Graf [Enevold von] Brandt, mit Consens der Königin in Kopenhagen wider den König in Dennenmark. Wurde in Zeiten entdecket, die Königin wurde einhaftieret, die beiden Minister in Monat April geviertelt und aufs Rad geleget bei Kopen Hagen. Die Königin mußte Dennmark verlassen.
Den 10ten Juni celebrierte die französche Gemeine den Tag da sie vor hundert Jahren bei Friedrich Wilhelm des Kurfürsten Zeiten ihren ersten Gottes Dienst gehalten in allen hiesigen französchen Kirchen mit zwei Predigten.
Im Monat Juni wurde mit den Türken und Russen ein Friedens

Der deutsche Arzt Johann Friedrich Struensee hatte es zum Leibmedikus, engsten Berater und schließlich ersten Minister des dänischen Königs gebracht. In seiner kurzen Tätigkeit setzte er eine Fülle aufgeklärter Reformen in der Wirtschafts-, Kultur- und Finanzpolitik und in der Justiz durch.
Am 18. Januar 1772 stürzte ihn eine reaktionäre Adelsverschwörung mit der Beschuldigung, er sei Liebhaber der Königin. Am 28. April wurde er gemeinsam mit seinem nächsten Mitarbeiter Brandt hingerichtet.

Gedenkmedaille zur Jahrhundertfeier der Berliner französischen Gemeinde 1772 von Jakob Abraham

Graf Struensee im Gefängnis und Königin Caroline Mathilde in Männerkleidern, die Amme hält die Tochter der beiden, zeitgenössischer Kupferstich

Die erste Teilung Polens 1772, Stich von Johannes Erasmus Nilson, 1773

Kongreß eingewilliget bis den ersten Octobris. Wurde noch vor Ablauf zerissen, bekriegten sich also von neuen.
Im Monat Octobris über nahm der König Friedrich der Zweite König von Preußen das neue polnische Preußen nebst der Huldigung von diesen neuen Lande in Königesberg ein. Desgleichen Rußland auch Österreich [nahmen] ihren Teil von Polen ein, nachdem sich die Confederierten ganz verloren, auch alle ihre Güter im Stiche ließen.
Dieses Jahr fing der König an die Wiese auf der Neustadt zu bebauen mit einer Kasarme zum 4ten Regiment Artillerie welches dieses Jahr errichtet wurde, auch Gensdarmes Ställe auf dieser Wiese.
Unter den Linden wurde noch kontinuieret mit den königlichen Bürger Häuser Bau, auch wurde die Kron Prinzessin von Preußen mit eine Prinzessin in Potsdam Monat Septembris entbunden.
Im Monat Novembris wurde die Prinzeß Ferdinand im Fried-

Im Januar und August 1772 besiegelten Rußland, Preußen und Österreich in Petersburg vertraglich die erste Teilung Polens. Preußen erhielt Westpreußen außer Danzig und Thorn, Rußland Teile Belorußlands und Österreich Galizien. Der polnische Staat war um ein Drittel seines Gebietes beraubt.

Nach dem Siebenjährigen Krieg erhielten bald alle Berlinischen Regimenter Kasernen, in denen vor allem die verheirateten Soldaten wohnten. Damit wurde die Bürgerschaft von den drükkendsten Einquartierungslasten befreit.

Das neue Exerzierhaus des von Winnigschen und Kunheimschen Regiments zu Berlin, Kupferstich von Peter Haas nach einer Zeichnung von L. Serrurier, um 1750

rich Felde [Schloß Friedrichsfelde] mit einen Prinz entbunden, bekam den Namen Friedrich Ludewig Christgan.

Diesen Monat Novembris wurde der zweite Friedens Kongreß angestellet mit Türken und Rußland.

Den 10ten Decembris flohe das Trucken Haus bei der Pulver Mühle auf, wobei 5 Arbeiter umbkamen nebest noch zwei Gärtner.

November wurde abermal die türksche Flotte geschlagen durch den Graf Orloff [Alexej G. Orlow] in den Archipilago, 14 Schiffe verbrannt und zu grunde gerichtet.

Die Heirat des russischen Thronfolgers Paul mit der Prinzessin Wilhelmine von Hessen-Darmstadt — nach ihrem Übertritt zur russisch-orthodoxen Kirche Natalja Alexejewna — bedeutete endgültig dessen Großjährigkeit. Die Zarin Katharina II., die sich innen- und außenpolitisch voll durchgesetzt hatte, dachte jedoch nicht daran, die Herrschaft an ihren Sohn abzutreten.

1773

Monat April war der Stille Stand mit den Russen und Türken zu Ende.

Monat Juli kam es mit den Russen und Türken zu einer großen

Bataille über die Donow bei Silistria [Silistra in der Walachei] allwo die Türken des Feld erhielten.
Monat September wurde eine Prinzeß von Darmstadt mit den Groß Fürsten von Rußland vermählet und nahm den russischen Glauben an.
Dieses Jahr hatten wir über die Maßen klein Wasser, aber eine schöne mit wohl wichtigen Getreide reiche Ernte, dafür wir Gott loben und danken. Den 4ten Novembris wurde ein Prinz geboren von der Kronprinzessin. Er bekam den Namen Friedrich Ludwig Karl. Auch wurde im Monat Octobris die Kronprinzessin ihre 3te Schwester mit den Großfürsten von Rußland verehelichet mit Annehmung des russischen Glaubens. Auch wurd diesen Monat abermal ein Corpus Türken geschlagen von den Russen, darauf bezogen sie die Winter Quartiere. Noch haben die Russen Monat Novembris genseit der Donow [die Türken] geschlagen, ein großes Magasien abgenommen nebst 40000 Stück Pferde mit einer Stuterei, [dazu] 30000 Stück Rind Vieh, 100000 Stück Schafe, welches den Türken große Folgen bedeuten dürfte.

Friede zwischen Rußland und der Türkei am 16. 7. 1774, Radierung von Daniel Chodowiecki

1774

Den 16ten Juli wurde Friede mit Rußland und Türken. Die vornehmeste Punkte waren: die freie Schiffahrt in allen türkschen Gewassern, die Unabhängigkeit der Krim, die Festung Asow nebest andern am Schwarzen Meere gelegenen Festungen, auch selbige zu bessern auch neue anzulegen. Nebst 70 Millionen Rubels Krieges Kosten [und] die befundliche Artillerie der türkschen Armee. Dieser Friede wurde erfochten durch Feld Marschalk Grafen von Romanzoff von der ruschen Armee und hat dieser Krieg 6 Jahr 7 Monat gewähret.
Im Monat Novembris wurde eine Prinzeß durch die Kronprinzeß geboren welche die Namen bekam Luise Caroline Amalia. Der König und Witwe Prinzeß von Preußen waren Taufzeugen.
Dieses Jahr wurde West Preußen mit 6 neue Regimenter be-

Der Friedensvertrag kam am 21. Juli 1774 endlich in dem bulgarischen Dorf Kütschük Kainardsche zustande. Er öffnete Rußland den Zugang zum Mittelmeer, entzog die Krim dem Osmanischen Reich, stärkte Rußlands Einfluß in Georgien und ermöglichte eine stärkere wirtschaftliche Entwicklung der südrussischen Gebiete. Nicht zuletzt bekam die Zarin nun die Truppen zur Niederschlagung des Bauernaufstandes unter Jemeljan Pugatschow frei.

Prinz Heinrich war an den Zarenhof gereist, um Streitigkeiten beizulegen, die sich aus den Übergriffen Preußens auf Danzig ergaben. Friedrich II., der immer wieder das Bündnis mit Rußland als »ewig« und als »Basis und Mittelpunkt seiner Politik« bezeichnete, mußte noch häufiger erleben, daß das Zarenreich sich nicht vor den Karren territorialstaatlich begrenzter preußischer Interessen spannen ließ.

Den Bayerischen Erbfolgekrieg löste Joseph II. durch die Annexion des Kurfürstentums Bayern aus. Er leitete seine Ansprüche aus seiner Ehe mit Josephe von Bayern ab. Da Friedrich II. nichts weniger als einen Machtzuwachs Österreichs wünschte, eröffnete er den Krieg gegen Österreich, obwohl die anderen Reichsfürsten nicht mit ihm im Bunde waren, bzw. wie Sachsen, Zweibrücken und Mecklenburg nur zögernd zustimmten. Der Krieg war kläglich, die Soldaten starben nicht in der Schlacht, sondern an der Ruhr. Auf Drängen und unter Vorsitz Rußlands wurde in Teschen/Böhmen der Friede geschlossen.

setzet und [mit] Ausländern sehr vermehret, auch wurde der neue Kanal bei Bromberg durch die Mark bis Danzig schiffbar, daß man also von Berlin aus nach der Ostsee und bis ganz Preußen zu Wasser kommen konnte.

1775

Diesen Monat Juni hat der Konig bei Graudenz die ganze Armee in Preußen gemustert. Bestehet in 45500 Mann mit denen 6 neu aufgerichteten Regimentern.

1776

Diesen Monat Juli hatte Berlin eine ausnehmende Freude, es brachte uns unser liebenswürdige Prinz Heinrich des Königes Bruder aus Rußland den Großfürsten Pauel Petrowitz [Pawel Petrowitsch, russischer Thronfolger] als einen großen und angenehmen Gast mit, welcher nicht allein in Berlin mit großen Solennitäten aufgenommen wurde, sondern von Preußen aus durch das ganze Land. Er holete sich die Prinzessin Sophia Dorothea von Wirttemberg zur Braut. Gott wolle dieses Paar segnen. Amen. Den 5ten Augusti reiseten dieses hohe Paar mit großer Solennität wieder ab von Berlin nach Petersburg, und wurden durchs ganze Land wieder mit allen größesten Honneur begleitet. Es wurden zu diesen Zug alle Meilen 400 Pferde erfordert. Her nach Berlin und wieder zurück nach Petersburg.

1777

gebar diese Großfürstin einen Prinz den der Name durch die Kaiserin beigeleget wurde Pauel Alexander, der König war Pate.

1778

Den 10ten April wurde beim russischen Gesandten wegen dieses Prinzen ein Freuden Festem gehalten.
Den 9ten April zog Friedrich der Zweite mit sein ganzes Krieges Heer zu Felde weil der Kaiser Josephus wider den Westfälischen Frieden gehandelt, und sich nach Absterben des Kurfürsten von Bayern an dieses Kurfürstentum vergreifen. [Es war] wider der Guldenen Bulle gehandelt.
In Monat Juli rückte der König mit seiner Armee in Böhmen ein desgleichen tat der Prinz Heinrich des Königes Herr Bruder mit der andern Armee in Böhmen auf der andern Seite.

Medaille zum Beginn des Bayerischen Erbfolgekrieges 1778 von Jakob Abraham

Ehrenpforte zum Empfang des Großfürsten von Rußland Pawel Petrowitsch Petrowitz am 21. 7. 1776 errichtet, Radierung von Carl Friedrich Fechhelm

Rückmarsch der preußischen Truppen nach dem glücklich geschlossenen Frieden von Teschen 1779, Kupferstich von Johann Martin Will

Der Einfluß Rußlands auf die mitteleuropäische Politik wuchs noch, und es kam zur weiteren Annäherung zwischen dem Zarenhof und Joseph II. Die Reise des preußischen Thronfolgers nach Petersburg 1780 konnte dies nicht verhindern.

1779

Monat April kam es zum Frieden durch Rußland und Frankreichs Versöhnen. Gott erhalte es im Segen. 1779 den 22ten Mai wurde der heilsame Frieden durch den geschmückten Herold durch ganz Berlin mit Vorreiten 40 blasende Postillions und Schützen Gülde verkündiget, darauf den 23ten Mai in allen Kirchen die Dank Prediget gehalten.

Huldigung für Friedrich Wilhelm II. am 2. 10. 1786, zeitgenössischer Kupferstich

1780

In Monat Juni war der Römische Kaiser Josephus in Petersburg. Im Monat Augusti 1780 reisete unser Kronprinz Friedrich Wilhelm nach Petersburg.
Anno 1786 starb Friedrich der Zweite König von Preußen im 74ten Jahre seines rühmlichen Alters an einer langen Krankheit und wurde den Sterbe Monat nehlich im Monat Septembris in Potsdam im Königlichen Begräbnis bei gesetzet. In Monat Octobris wurde Friedrich Wilhelm gehuldiget. Dieses Jahr war die Ernte etwas schlecht und gilt der Roggen 1 Taler 2 Groschen, der Weizen 2 Taler auch drüber durchgängich in der ganzen Kur Markt und Mittel Markt.

Tod Friedrichs II., Kupferstich von Daniel Chodowiecki

Als Friedrich II. am 17. August 1786 starb, herrschte kaum Trauer, da er sich dem Volk immer mehr entzogen und entfremdet hatte. Der französische Agent Mirabeau berichtete: »Kein Gesicht, das nicht Aufatmen und Hoffnung verrät, kein Bedauern, kein Seufzer, kein Wort des Lobes. Damit also enden so viele gewonnene Schlachten, so viel Ruhm ...« Sein Ruhm überdauerte ihn.

Rosenthalerthor
Hamburgerthor
Oranienburgerthor
Charité
Span dauer Vierthel
Monbijou
Weidendamm
Lustgarten
Neust adt
unter den Linden
Exercier Platz
Brandenburger thor
Thier garten
Alt Cöln
Werder
Markt
Neu Cöln
Potsdammerthor
Achteck
Frie drichs stadt
Französische Kirche
Köp ni cker
Pr. Louis Palais
Collegien Haus
Rondel
Floss-Graben
Hallischethor
C. Jäck sculp.

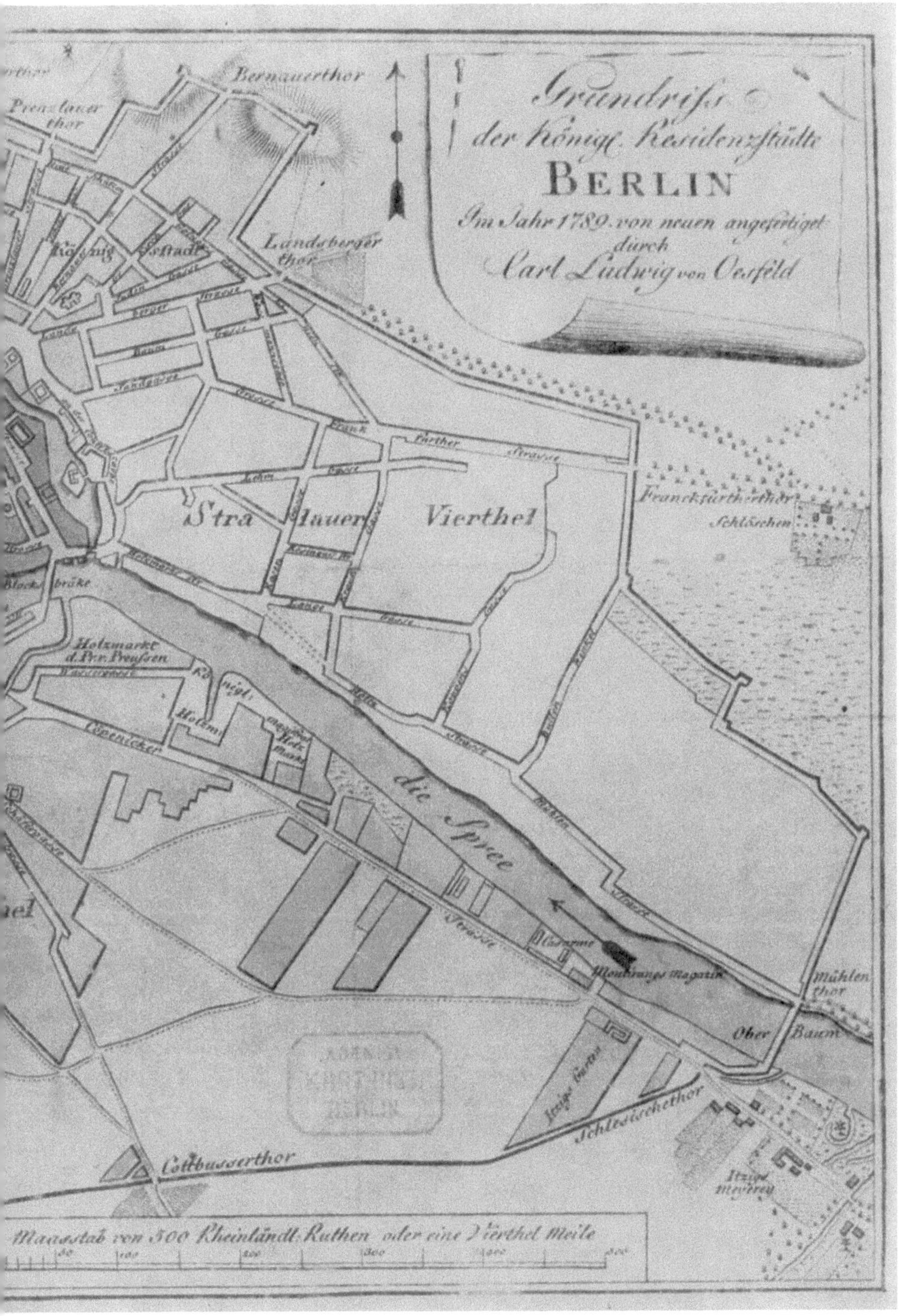
Grundriss
der Königl. Residenzstädte
BERLIN
Im Jahr 1789. von neuen angefertiget
durch
Carl Ludwig von Oesfeld
Bernauerthor
Prenzlauer thor
Landsberger thor
Stra lauer Viertheil
Franckfurther Strasse
Franckfurtherthor
Schlösschen
Holzmarkt
die Spree
Mühlen thor
Ober Baum
Schlesischethor
Cottbusserthor
Maasstab von 500 Rheinländl. Ruthen oder eine Viertheil Meile

Rezepte

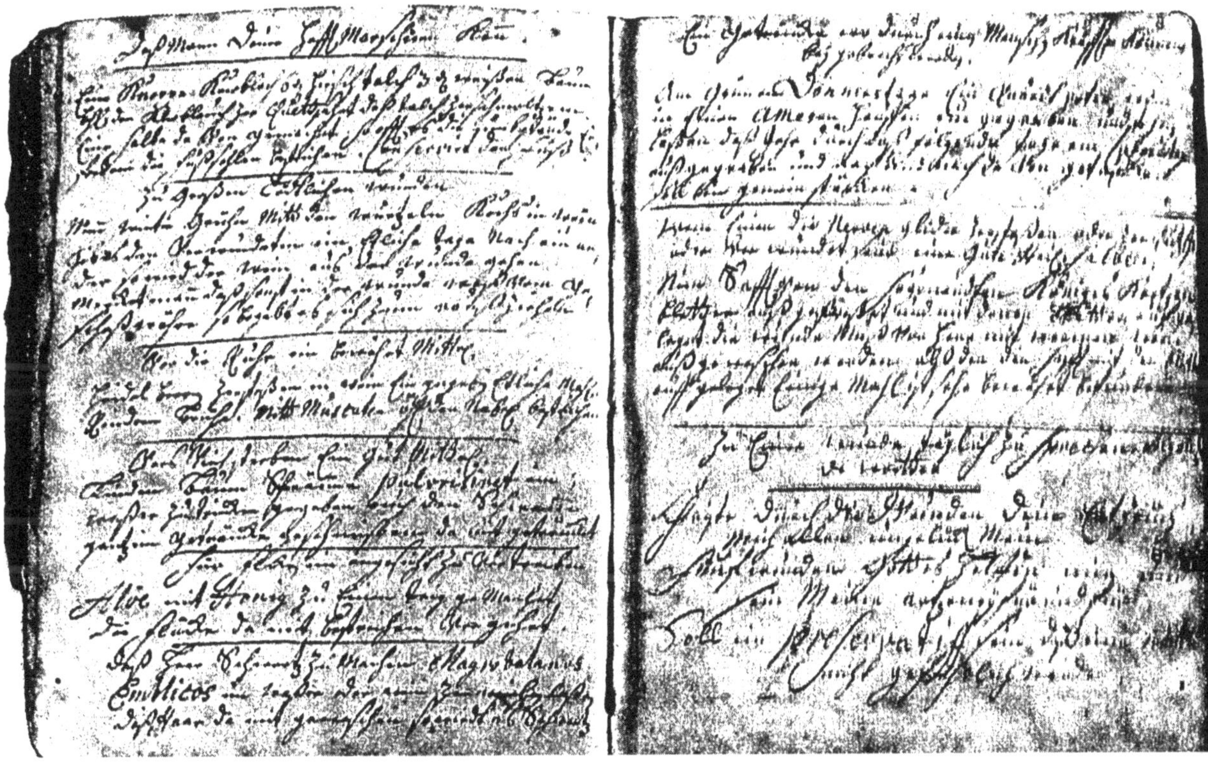

Unterricht von Branntwein abziehen wie folget: Erst wird nur Pomeranzen und Zitronen mit Safran gefärbet wann man alles zusammen macht.
Von den Krause Minte bleibet die Beerenklau, aus der Blase und in eine große Kruke, eingemacht, alsdann den Spiritus darauf gegossen, noch eine Kruke, da wird 2 Hand voll Krause Minte eingemacht mit 8 Quart Branntwein, dieses alles bleibet 48 Stunden stehen, hernach meliert und durch einen Duch ausgepreßt, hernach in Butelgen [Bouteille] gefüllet, ist gut.
Zum Magen Aquavit werden die Beeren in einen Topf mit 2 Quart Branntwein an einen warmen Ort, auf den Sandel 1 Quart Spiritus, auch warm und zugemacht, dann alles zusammen gemacht, ist gut.

Bittere Tropfen

Alowe	1½ Lot
Rote Miren	1 Groschen 6 Pfennig
ganzen Safran	1 Groschen 6 Pfennig
Summa	5 Groschen 6 Pfennig

Dieses klein gestoßen und auf 4 Quart Branntwein in eine Botellige eingemacht, dann auf eine warme Stelle gesetzet bis auf 6 Tage, dann über ein kleinen Tuch abgekläret.

Pomeranzen Aquavit
auf 14 Quart Branntwein

Pomeranzen Schalen	1½ Pfund
Zimmet	2 Lot
Ingwer	2 Lot

Magen Aquavit
14 Quart Branntwein

Nelken	2 Lot
Kordemum [Kardamom]	1 Lot
Zimet	1 Lot
Alant Wurzel	2 Lot
Violen Wurzel	2 Lot
Kalmus	2 Lot
Galgant	6 Pfennig
Zitron Schalen	2 Lot
Zucker darzu	1½ Pfund

Ein ordinär Korn Aquavit
auf 14 Quart

bittere Mandeln	2 Pfund
Zucker	1½ Pfund

Löffel Kraut Aquavit
auf 14 Quart

Löffel Kraut 10 gute Hand voll	
Zucker	1½ Pfund

Ein ordinärer Wacholder Aquavit
auf 14 Quart Branntwein

Wacholder Beern	1½ Pfund
Liebenell Wurzel	2 Lot
Zucker	1½ Pfund

Krausemüntze
auf 14 Quart

Krause Münte	16 bis 18 Bund,
wann man sie grün haben kann, demnach die Bunde groß seind. Ist sie aber recht trocken, so nimmt man	1½ Pfund
Zucker	1½ Pfund

Zitwer Wasser
auf 14 Quart

gute Zitwer Wurzel	½ Pfund
Zucker	½ Pfund

Ein gedoppelter Danziger Anis Aquavit
auf 14 Quart

guten ausgestiebten Anis	1½ Pfund
Koriander	6 Lot
Zitron Schalen	7 Lot
Dill Samen	4 Lot
Zucker	3 Pfund

Ein ordinärer Anis Aquavit
auf 14 Quart

Anis	1 Pfund
Zitron Schalen	6 Lot
Koriander	4 Lot
Dill Samen	3 Lot
Zucker	2 Pfund

Ein guter Sellerie Aquavit
auf 14 Quart

frischen Sellerie Samen	$\frac{1}{2}$ Pfund
Zitronen Schalen	2 Lot
Zucker	$1\frac{1}{2}$ Pfund

Ein ordinär Kümmel Aquavit
auf 14 Quart

Kümmel	1 Pfund
Liebenell im Winter	1 Lot
Zucker	$1\frac{1}{2}$ Pfund

Ein ordinär Zitronen Aquavit
auf 14 Quart

gute Zitron Schalen die nicht schimelich sein	$1\frac{1}{2}$ Pfund
zwei frische Zitron die Schale davon in den Spiritus geleget	
Zucker	$1\frac{1}{2}$ Pfund

Kalmus Aquavit
auf 14 Quart

Druckner [trockener] Kalmus	$1\frac{1}{2}$ Pfund
kann man frischen abgezogen haben, so nimmet man eben so viel frischen	
Zucker	$1\frac{1}{2}$ Pfund

Ein fürtrefflicher Magen Elexier
auf 3 Quart

gute Rote Miren	2 Lot
Aloes	2 Lot
Weißen Lärchen Schwamm	1 Lot
Safran	1 Quentlein
guten rein Korn Branntwein	3 Quart

darauf gegossen und 48 Stunden aufm warmen Ofen stehen lassen. Probatum.

Ein vortrefflich Mutter Wasser
auf 14 Quart

Zimet	4 Lot
Muscaten Blumen	1 Lot
Muscaten Nuß	2 Lot
Negelken	2 Lot
Kubemeson	2 Lot
Paris Körner	2 Lot
Kordemum	2 Lot
Zitronen Schalen	$1\frac{1}{2}$ Lot

Pomeranzen Schalen	1½ Lot
Weißen Ingwer	1 Lot
Galgant Wurzel	1 Lot
Zitwer Wurzel	1 Lot
spanischen Rosmarien	eine Hand voll
trocken Krause Münze	eine Hand voll
Sallerei [Sellerie]	eine Hand voll
Eisen Herd Kraut	eine Hand voll
Zucker	2 Pfund

Zimet Wasser
aus 14 Quart

guten braunen Zimet	¼ Pfund
Rosen Wasser	1½ Ößel
spanischen Wein	½ Ößel
Zucker	1 Pfund

Mastig Wasser
auf 14 Quart

Mastig	6 Lot
Zimet	3 Lot
Muscaten Blüte	1½ Lot
Nelken	1½ Lot

mit ein ½ Ößel spanischen Wein
und ein Spitzglas
Rosen Wasser vermischt

Einen lieblichen Magen Aquavit
auf 14 Quart

Paris Körner	2 Lot
Negelken	4 Lot
Kordemum	1 Lot
Zitron Schalen	2 Lot
Kalmus	4 Lot
Pomeranzen Schalen	2 Lot
Anis	6 Lot
Galgant Wurzel	1 Lot
Lorbeern	2 Lot
Rosmarie	1½ Lot
Zitwer Wurzel	1½ Lot
Zucker	3 Pfund

Ein ordinärer Nelken Aquavit
auf 14 Quart

Nelken	3 Lot
Zimet	2 Lot
Galgant Wurzel	½ Lot
Kardemum	½ Lot
Anis	2 Lot
Zucker	2 Pfund

Kordemum Aquavit
auf 14 Quart

Kordemum	3 Lot
Zimet	2 Lot
Negelken	1 Lot
Galgant Wurzel	½ Lot
Zucker	2 Pfund

Milissen Aquavit
Zu 14 Quart

Abgeraufte Milisse	½ Pfund
Ingwer	2 Lot
Zucker	2 Pfund

Wermut Aquavit
14 Quart

Abgerauft Wermut	1 Pfund
Weißen Ingwer	4 Lot
Pomeranzen Schalen	8 Lot
Zucker	1 Pfund

Allerhand Aquavit
auf 14 Quart

Zimet	2 Lot
Nelken	2 Lot
Muskaten Blumen	½ Pfund
Zitronen Schalen	2 Lot
Wacholder Beern	2 Lot
Anis	2 Lot
Kümmel	1 Lot
Galgant Wurzel	1 Lot
Violen Wurzel	1 Lot
Kalmus	2 Lot
Lakritzen Holz	2 Lot
Lorbeern	1 Lot
Zitwer Wurzel	1 Lot
Fenchel Samen	½ Lot
Koriander	1 Lot
Weißen Ingwer	½ Lot
Langen Pfeffer	½ Lot
Negelken Borke	2 Lot
Kordemum	2 Lot
Enzie	1 Lot
Zucker	2 Pfund

Das Hallische weiße Magenwasser
auf 14 Quart

Ingwer	6 Lot
Violen Wurzel	6 Lot
Lakritzen Holz	6 Lot
Paris Körner	6 Lot
Koriander	6 Lot
Kubemen[Kubemeson]	6 Lot
Zitwer Wurzel	1 Lot
Kümmel	1 Lot

Kalmus	1 Lot
Anis	1 Lot
Zucker	2 Pfund

Ein gutes Wasser das der Prinz von Oranien täglich vor sich gebrauchet

Braunen Zimet	½ Lot
Galgant Wurzel	½ Lot
Angelika	½ Lot
Kubemen	½ Lot
Zitwer Wurzel	½ Lot
Weißen Ingwer	½ Lot
Langen Pfeffer	½ Lot
Muskaten Blumen	½ Lot
Muscaten Nuß	½ Lot
roten und weißen Sandel	½ Lot
Zitronen Schalen	½ Lot
Safran	½ Quentlein
Salbei	½ Lot
Rote Rosnblätter	½ Lot
Meiran [Majoran]	½ Lot
Bielin Alves [?]	½ Lot
Kordemum	½ Lot
Paris Körner	½ Lot
Violen Wurzel	½ Lot
Anis	½ Lot
Senkel Samen	½ Lot
Rhebarber	½ Lot
mit Branntwein	12 Quart
Zucker	2 Pfund

Brust Branntwein

zu 14 Quart

Anis	½ Pfund
Violen Wurzel	¼ Pfund
Lakritzen Holz	¼ Pfund
große Rosinen	¼ Pfund
Feigen	¼ Pfund
Zimet	2 Lot
Zucker	2 Pfund

Ballwasser

auf 14 Quart

Zitronen Schalen	½ Pfund
Zimet	½ Lot
Kordemum	½ Lot
Nelken	½ Lot
Rosmarien	½ Lot
Zucker	3 Pfund

Cramnitzer Luftwasser

zu 14 Quart

Alant Wurzel	1 Lot
Lattig Wurzel	1 Lot
Süß Holz	1 Lot
Engel Süß	1 Lot
Rote Enzien Wurzel	1 Lot
Weißen Ingwer	1 Lot
Nelken	1 Lot
Lorbeern	1 Lot
Zimet	1 Lot
Kordemum	1 Lot
Wacholder Beern	1 Lot
Zitron Schalen	1 Lot
Feigen	1 Lot
Kleine Rosinen	1 Lot
Süße Mandeln	1 Lot
präparierte Mer Zwiebeln	1 Lot
Anis	1 Lot
Fenchel	1 Lot
Römische Nessel Samen	1 Lot
Meyran die Blätter	1 Lot
Ysop die Blätter	1 Lot
Bassum Samen	1 Lot

Paradies Wasser

Zimet	2 Lot
Nelken	8 Lot
Kardemum	4 Lot
Kubemem	4 Lot
Galgant Wurzel	4 Lot
Weißen Ingwer	4 Lot

Branntwein	14 Quart
Zucker	2 Pfund

Gesundes Mutterwasser

Pulz Haber [?]	12 Lot
frische Rosmarien Blätter	¼ Pfund
Pomeranzen Schalen	1 Pfund
Millissen Blätter	6 Bund
Pfeffer	8 Lot
Kimmel	8 Lot
Marter Knospen	6 Bund
Liebstock Kraut	4 Lot
Balsam Blumen	2 Lot
Fenchel Samen	2 Lot

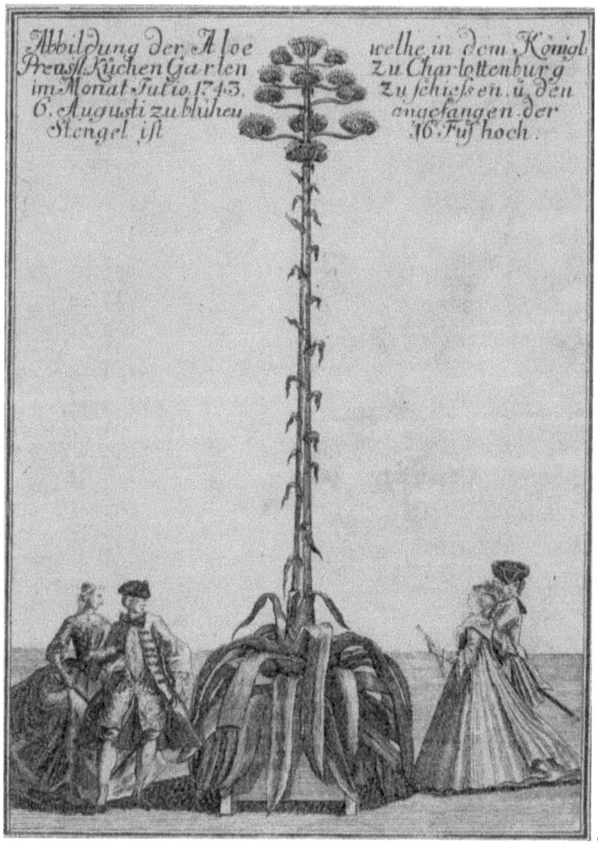

Pfeffer Kraut	4 Lot
Bibergeil	½ Lot
Zucker	6 Pfund

Magen Elixier

Rote Güldene Miere	1 Lot
Aloes	2 Lot
Safran	½ Quentlein

gute Wermut Knopfen.
Laß es mit 4 oder 5 Quart Branntwein in einer Flasche in der Sonne oder auf einen warmen Ofen ganz gemählich destilieren.
Bei Abziehung des Aquavits ist zu beobachten, daß die Species zu jedweder Sorte zusammen in die Blase getan werden, der Branntwein darauf gegossen und ein wenig Salz so viel man zwischen 2 Fingern halten kann mit in die Blase getan, wohl zugeklebt und dann abgezogen, und ganz langsam laufen lassen bis es weiß kommet, von den weißen läßt man so viel laufen, als einen deucht, daß noch Kräfte darin sein, das kann wieder in die Blase getan werden.
Das übrige wird weggegossen.

Vor Fälle in Augen
Ameisen Eier, selbige in ein Leinen Tüchlein getan, an die Sonne gehenket, setze ein Glas darunter, so werden sie einen Saft geben, den tue in die Augen wenn [du] schlafen gehest, so werden die Felle brechen und vergehen.

Item
Ameisen in ein Glas getan und mit Brotteige herum geschlagen und backen lassen im Backofen, so findet sich ein Wasser vom Ameisen im Glase das ist geachtet für der besten Wasser eines zu Heulung alle schlimme Augen.

Eine Salbe für die Spulwürmer

Präparierte Fel Tauri	13
gestoßene Feng Beeren	

Aloes	90
Enzian Wurzel	10
Paradies Äpfel	
Herba Absynthii	12
[dreierlei?] Absynthi	13

Zerstoße alles klein und mache es zu einer Salbe und umb den Nabel ein oder 2mal geschmieret, so müssen die Würmer weggehen.

Einen Trank für die Rote Ruhr

nimb Zimet	1 Quentlein
Nelken	1 Quentlein
Tormentill Wurzel	1 Quentlein
Wegebreit Samen	eine halbe Handt voll

thue es in einen Topf, gieße Wein darauf und verklebe den Topf und laß es kochen. Trink abends und morgens davon, iß dann darauf eine Muscaten Nuß.

Eingemachte Kirschen

Nimm auf 2 Pfund Zucker 4 Pfund Kirschen, tue den Zucker in einen Kessel, gieß ein klein wenig Wasser dran, setze es über gelinde Kohlfeuer und verschäume es, laß es aber nicht sieden, verschäume es wohl so lange bis es dücklich würd, welches du also probieren kannst. Laß einen Tropfen heraus auf einen Teller fallen, wann es noch fließen ist nicht genug gekocht, sondern so lang sieden bis es rund wie eine Perle stehet auf den Teller.

Das gleiche tut man auch mit eingemachten Nüssen und eingemachte Früchte, nur daß die Nüsse zur rechten Zeit gebrochen 24 Stunden erst in frischen Wasser liegen müssen, hernach wieder abgetrücknet und mit Nelken und Zimet gespicket.

Reißen in Gliedern

Vor Reißen in Gliedern daß es scheinet als wär es die reißende Gücht, nimb ein ungeleget Hühner Ei, kanns sein von einer schwarzen Henne hält mans vor desto besser, und siede es ein solcher Patient in seinem eignen Orin und vergrabe es mit seinen eigenen Händen in einen Ameisen Haufen, so wird er negst Gottes Hülfe besser. Das Ei muß abgeschellet werden ehe es gegraben wird.

Eine Grind Salbe

Nimm Saft von grünen Korn, vermische ihn mit weißen Petz [Pech] und Talch und schmier den Kopf damit.

Vor die Krätze

Brate eine schwarze Schnecke und schmiere dich mit den Saft, es heilet alsbald.

Vor geschwulst und Hitze im Schaden

3 Pfennig, das Weiße vom Ei, vermische darunter ein wenig Kampfer und Safran, reibe es mit einem Stück Alaun unter einander, daß es wird wie ein schmeidig Sälblein, hernach über geschlagen so oft es trocknet bis es besser ist.

Auch Lieligen Öl weißes mit Kampfer vermüscht.

Eine Brand Salbe

Nimm lebendige Krebse, stoße sie in einen Mörsel, trücke den Saft durch ein Tüchlein, so wird solches wie ein schwarzes Öl, bestreich mit einen Federlein den Brand, es heilet den Brand in einer Nacht.

So der Branntwein angebrannt ist und davon einen Geschmack hat so henke in Gefäß worin der Branntwein vorhanden vor 2 Groschen, ists eine Tonne vor 1 Groschen Johannis Brot und vor 1 Groschen Nelken.

Wann die Kinder in den Pocken böse Augen bekommen als wann ein Fell darauf käme so nimm das weiße von Ei, ein wenig Alaun darunter und klopfe es wohl unter einander. Lege es zwischen 2 Leinen Tücher fleißig auf daß es die Hitze aus ziehet, hernach nimm fein Karnarien Zucker und puste es mit einer Feder in die Augen.

Ein gutes remedium vor die reißende Gicht

Ein Quart reine Kuhmilch genommen, in 4 Teile eingenommen, nämlich des Morgens ein Teil, des Mittags 1 Viertel, des Nachmittags $\frac{1}{4}$ und abends $\frac{1}{4}$, in jeden Viertel $\frac{1}{2}$ Dreier Zwiebäcke eingerieben und lohwarm getrunken so wie vorbeschrieben, zehen Tage nach einander. Man muß aber in denen 10 Tagen gar nichts anders genießen, als vor beschrieben, sonst wäre es umbsonst, auch jeden Tag ein Quart reine Kuhmilch ja ohn verfälscht.
Von Mossie [Monsieur] Delbuch, Kapitän recommandiert.

Eine gute Brand Salbe zu machen

Den Linden Bast. Man nimmt einen Linden Zacken wo gute Rinde dranne ist, schabet das außenste ab. Das innere zerkörnet es zwischen Leinen Tüchlein. Auf den Brand geleget ziehet den Brand aus und heilet alsbald.

Vor den Husten

4 Pfennig Korn Branntwein 6 Pfennig Jungfer Honig zusammen in einen Diegel über Feuer gekrüschet und denn warm ausgegossen, ist gut. Damit nieder geleget und fein warm zugedecket, hilft.

Ein remedium vor Magen Schmerzen, Blut Reinigung, vors Fieber, vor Stein Schmerzen

$\frac{1}{2}$ Lot weißen Enzian
1 Lot Baltiriam [Baldrian] Wurzel
1 Quintlein Meister Wurzel
$\frac{1}{2}$ Lot Alant
$\frac{1}{2}$ Lot Olsnitz
$\frac{1}{2}$ Lot Heiligen Geist Wurzel
$\frac{1}{2}$ Lot Dertam [?]
$\frac{1}{2}$ Lot Aran
$\frac{1}{2}$ Lot Teufels Abbiß
1 Quintlein Rosmarien
$\frac{1}{2}$ Lot Angelica
4 Lot kleine Rosinen
1 Lot Safran
$\frac{1}{2}$ Lot welsche Rhebarber
1 Lot weißen Kalmus
1 Quentlein Paradies Kerner
1 Quentlein Rote Mieren
$\frac{1}{2}$ Lot Sennes Blätter
1 Lot Zimet Rinden
17 Rote Knopfen Knoblauch
31 Stück Wacholder Beern
1 Lot Hallunder Blüte
12 Stück Feigen

Vorstehende Species klein geschnitten in eine Poteille getan und zwei Quart reinen Korn Branntwein darauf gegossen, und kann nachdem man was davon nimmt immer wieder was zugegossen werden.

Wenn einen die Nerven, Glieder oder Adern zerknirscht, zerstoßen oder verwundet sein

Nimm Saft von den Blättern Wullkraut oder Königes Kerzen, leg ihn auf und die Blätter davon zerstoßen, zuvor binde es in Windelein. Wenn du es einen Tag darauf lässest es sei was es wolle so wird es stattlich heilen, wann auch gar eine Wunden vorhanden wäre. Doch muß man was es wolle zuvor mit warmen Wein auswaschen, darnach den Saft und Blätter auflegen, so wird es heilen.

Daß dir eine Wunde nicht wehe tue oder faule

So sprich diese Worte täglich fünfmal, und lege die Hand auf den Schaden:
Christe durch die Wunden dein
Entzeug mich allen Unglück mein
Fünf Wunden Gottes helfen mir
und seind mein Arznei für und für.

Wenn ein Pferd krank wird und nicht stallen kann
Ein Stücklein Körbelkraut Wurzel den Pferde unter der Zunge geleget, es hebt darauf an zu stallen und zu niesen.

Ein Pferd auf viele Jahre zu conservieren mit wenigen
Im April oder Oktober tue man einen Scheffel Roggen in einen Kessel, wohl umbgerühret, so lang bis der Roggen ganz schwarz wird. Nachdem nimbt man beide Monat abends und morgens eine Hand voll von selbigen Roggen klein gestoßen, den Pferden mit im Futter gemenget, denn in diesen zweien Monat sein die Pferde am schwächsten.

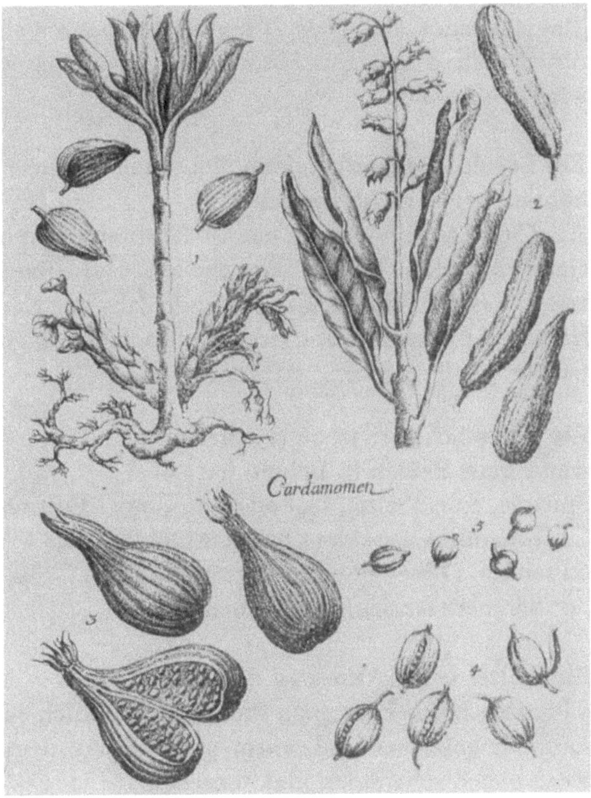

remedium vor den Geschwulst nach den Fieber
Man nimmt vor 6 Pfennig Dreiblatt, in einen Top mit 1 Quart Speisbier getan, auf 2 Finger breit einkochen lassen, alsdenn morgens und abend dieses in 4 Mal getrunken und Bewegunge darauf vorgenommen.

remedium vor die Brust und Husten
Nimm ein Ößerlein Brunnen Wasser, tue in selbiges 12 bis 16 Stück Salbei Blätter hinein, laß es mit selbigen zwei Mal, wenn auch 3 Mal ist, aufkochen, alsdenn tue einen Löffel voll Honig rein, laß noch Mal aufkochen und denn abends und morgens ein Tee Top getrunken. Reiniget die Brust und leget den Husten.

remedium vor die Achelei
3 Pfennig Flieder Wasser, 3 Pfennig Lein Öl, 3 Pfennig Jungfer Honig, etwas Weizen Mehl und eine Salbe davon gemachet daß es steif wird, auf ein Leinen Tuch gestrichen auf geleget, es ziehet alsbald den Geschwülst nebst der Hitze aus.

Das Bluten zu stillen in einer Wunde
Holz Kohlen klein gestoßen in der Wunde gestreuet stillet es.

Eine gute Heil Salbe vor allen Schaden
Griechisch Pech, Schwefel, [L]ibanum albeum. Jedes gleich viel klein gestoßen, mit Eier Weiß wohl gerieben zu einer Salbe, fleißig auf geleget, vor erst zwei Mal in 24 Stunden verbunden.

Vor die Rote Ruhr
Eine Rippe von einen Menschen pulvrisiert, ein Quentlein davon im Wein oder Wein Essig eingegeben, wird sehr bewährt befunden werden. Wenn diese Rippe von einen Gehenkten sein kann, ists desto besser.

Daß man dauerhaft marschieren kann
Eine Knorre Knobloch, 6 Pfennig Hirschtalch, 3 Pfennig weißen Baumöl.
Den Knoblauch auch zerquetschet, das Talch zerschmolzen, eine Salbe davon gemachet. So oft es die Umbstände erfordern die Fußsohlen bestreichen. Conserviert den Fuß.

Zu großen tötlichen Wunden
Nimm Wintergrün mit den Wurzeln, kochs in Wein, gib es den Verwundeten ein etliche Tage nacheinander, so wird der Wein aus der Wunde gehen. Merket man daß sonst in der Wunde was vom Geschoß wäre, so begibt es sich zum raus ziehen.

Vor die Ruhr ein bewährt Mittel
Heidel Beeren zerstoßen in Wein, eingegeben etliche Mal. Rindern Brühe. Mit Muscaten Öl den Nabel bestreichen.

Vors Vieh Sterben ein gut Mittel
Linden Baum Schwämme pulverisieret im Wasser zu trinken gegeben, auch den Schwein ganz im Getränke geschmissen damit getränket.

Für Flecken im Angesicht zu vertreiben
Alöe mit Honig zu einen Teig gemachet, die Flecke damit bestrichen, vergehet.

Das Haar schwarz zu machen
Magrobatanos Emblicos[?] im Wasser oder Wein zerweichen lassen. Das Haar damit gewaschen so wird es schwarz.

Ein Getränke wodurch einen Menschen Kräfte können beigebracht werden
Am Grünen Donnerstage ein Quart roten Wein in einen Ameisen Haufen eingegeben und stehen lassen das Jahr durch, das folgende Jahr am Karfreitage ausgegraben und nach und nach davon getrunken, soll ungemein stärken.

Ein gutes Schmier Öl zu präparieren wenn man Reißen in Beinen hat
Spiritus, Salis [Salix], Gelinder Öl, Regen Würmer Öl, Johannis Öl, Salder Öl, Peter Öl [?]. Jedes von 6 Pfennig. Dieses zusammen getan und den Ort wo der Schmerz ist damit geschmieret.

Ein Mittel vor die Rose zu nehmen
3 Pfennig Korn Blumen, 3 Pfennig Kuh Milch zusammen gekochet und warm getrunken soll die Rose gleich schwinden und vergehen.

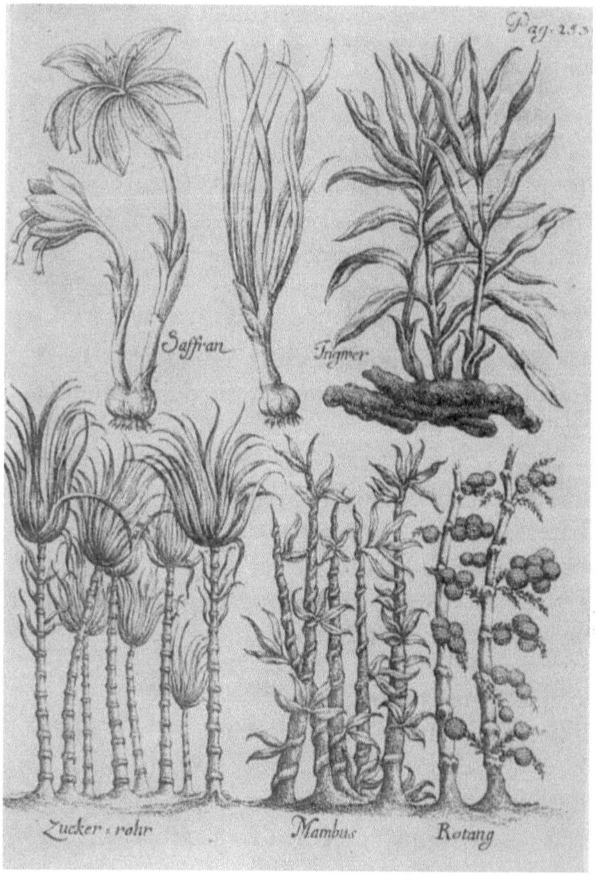

Ein remedium wann Hund oder Katze die Reyde [Räude] bekommen

Schwefel Blüte auf Fettbutter geschmieret und zu Fressen gegeben. Auch von Hühner Mist Loge [Lauge] gekocht, darmit gewaschen. Oder auch mit warm Wasser und schwarze Seife.

Brust Pulver trucken ein zu nehmen abends und morgens

Nüchtern zwei Messer Spitzen zu nehmen so oft es vonnöten oder der Husten die Brust incommodieret.
Süß Holz $\frac{1}{2}$ Lot, sublimierter Schwefel $\frac{1}{4}$ Lot, Sennes Blätter ohne Stengel $\frac{1}{2}$ Lot, Anis Samen 1 Quintlein, weißen Zucker Kandi $2\frac{1}{2}$ Lot. Diese Species wohl bulverisiert so klein es möglich und wie vor beschrieben gebrauchet ist sehr bewährt befunden worden.

Ein remedium vor Pferde Kroppen und sonst sehr gut

Grünen Sagebohnen [Sojabohnen], den Pferden etwas im ersten Futter gemenget des morgens, aber im abnehmenden Mond, soll den Pferden ein trefflich Mittel sein vorm Kropp.

Ein trefflich Mittel vor Zerteilung der Flüsse

Man nimmt ein Quart reinen Korn Branntwein und tut in selbigen zwei bis 3 gute Hand voll weißen Senf, und in der Sonne oder an einen warmen Ort distillieren lassen 8 Tage. So oft es die Not erfordert abends und morgens einen Schluck getrunken zerteilet den Fluß ganz gelinde.

Noch ein Mittel für Blutgeschwür

3 Pfennig ungesalzen Rosen Wasser, 3 Pfennig Quitten Körner gestoßen, mit das Rosen Wasser gerieben, daß [es] wie eine Salbe wird, alsdenn aufgeleget, ziehet zusammen, öffnet und heilet wieder.

Ein Mittel vor das Reißen in Glieder auch gute Blutreinigung darbei

Man nehme von den jungen Künen Streichern [Kiefernzweigen] die ausgeschlagene Knospen, eine Hand voll in einen Quart Braun Bier getan, und lassen bis zwei Finger breit einkochen. Morgens frühe, auch gegen Mittage oder Nach Mittage und abends zwei bis 3 Tassen getrunken und einige Tage zur Blutreinigung continuieret.
Vor Reißen in Gliedern aber muß damit 14 Tage auch wohl 3 bis 4 Wochen continuieret werden, nachdem die Umbstände sein. Ist ein bewährtes Mittel.

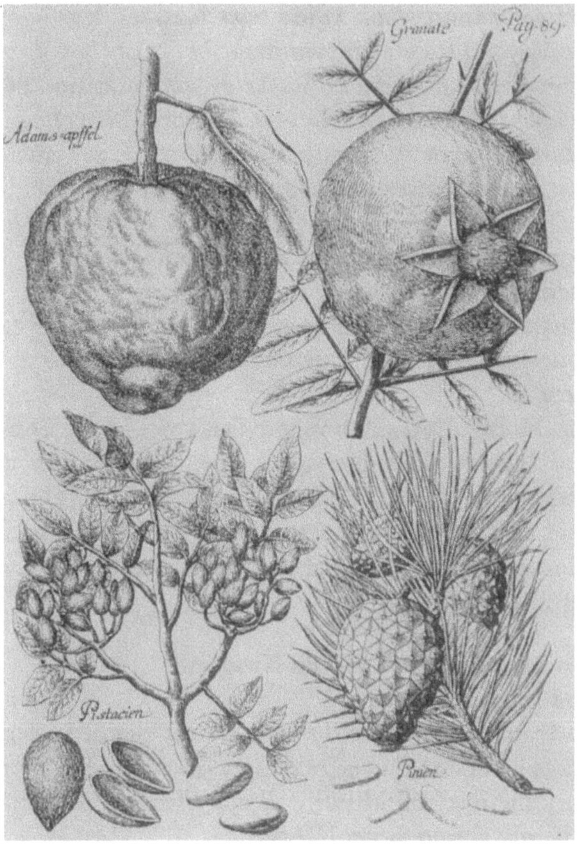

Ein gut Mittel vor die Rose
Rot Munchen Pflaster [?] auf Leder gestrichen [und] aufgelegt soll den Schmerz auch Schwulst bald zerteilen und Linderung verschaffen, daß es zu keinen Aufbruch kommet.

Ein Frost Salbe
Man nimmt ein dück Stück Eis, machet eine Höhlung oder Loch darin. Man nimmt ein Stück altes galstreich [ranzig] Speck, geschmolzen und das geschmolzene Speck in das Eis gegossen. So wird eine Salbe daraus, dieses wird wie eine Salbe gebraucht auf den verfrornen Schaden, soll sehr gut sein, oder wie Pflaster geschmieret.

Vor die Ackelei
Ehe selbiges zum Ausbruch kommt gleich im Anfange Wasser kochend gemacht, etwas Salz darin getan, den Finger eingetauchet so warm man es leiden kann einige Mal, soll sehr gut sein und nicht zum Ausbruch kommen.

Vor die Ackelei
Das Mark aus den Rücken Knochen aus einen Ochsen oder Rücken Grat auf geleget, ziehet es bald zusammen, daß es aufkommet. Alsdenn mit einer guten Salbe geheilet.

Ein leicht Laxirung vor Kinder zu gebrauchen
3 Pfennig Rosinen, 3 Pfennig Sennes Blätter, zusammen gestoßen in einen Mörsel, wird wie ein Kuche den Kindern zu Essen gegeben, über den andern Tag auf zwei Mal.

Ackely
Frischen Schwein Mist aufgebunden ehe es zu weit kommet, zwei Mal des Tages aufgeleget.

Vor Anstöße am Zahn Fleisch oder Scharbock
3 Pfennig Salpeter Kuchen in ein Ößel Brunnen Wasser, damit den Mund renovieret und die Zähne wohl gerieben. Nach diesen vor 3 Pfennig Rosen Honig, 3 Pfennig Bräune Reinigung, damit das Zahne Fleisch gerieben, entschleimet die Zähne und reiniget den Mund.

Was vor Brechen
6 Pfennig Stein Marks mit 3 Pfennig Branntwein eingenommen, treib einen gelinden Schweiß aus, ist sehr gut.

remedium vor die Kolika
Von einen einjärichten Hengst oder Wallach ein frischen Apfel der noch warm ist, 5 bis 7ben Trop-

fen ausgedrucket, mit Branntwein eingenommen, soll vortrefflich gut sein und gleich helfen.

Noch ein Mittel vor Ackely

Kalte plasma aus der Medicin Apothek. 1 Groschen gerieben Milchsemmel in Milch gesotten, soviel man mit den Fingern fassen kann von das Kraut, alsdenn durcheinander gerieben, warm aufgeleget, so gleich man was spüret.
Es wird wie eine Salbe.

Vor die Rose

Geräuchert mit dürren Katzen Dreck, soll gleich zerteilen.

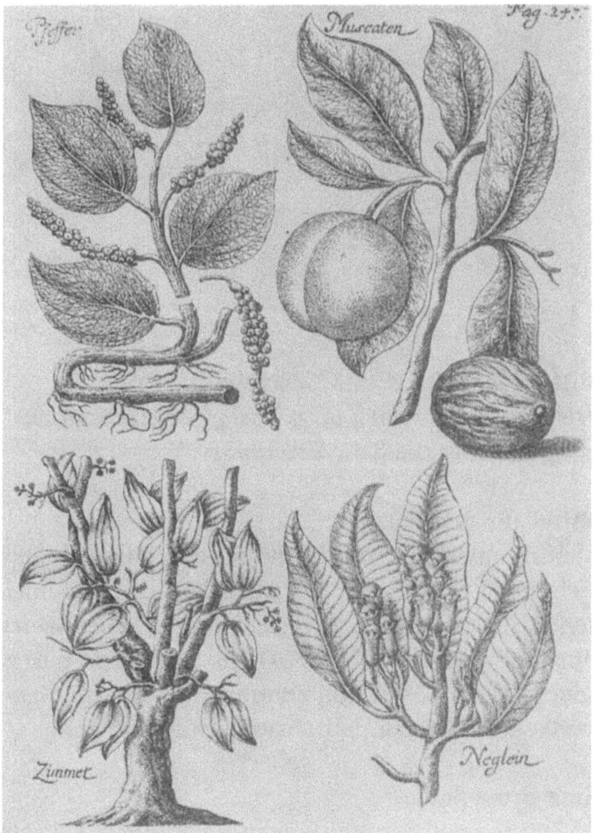

Für die blinde Emerodes [Hämorrhoiden]

Wann sich Beulen oder Knollen finden am Mastdarm nimmet man Pferde Huf, tut selbigen in ein Becken mit glühenden Kohlen, setzet selbiges in einen Nachtstuhl, läßt es räuchern. Der Patient setzet sich mit den bloßen podexe darauf 2 bis 3 Stunden, daß der Qualm den Schaden ergreift, soll nicht allein helfen, sondern im ganzen Leben den Patienten nicht wieder incommodieren.

Zweitens

Auch kann man Lein Samen in Milch gekochet, Säckchen davon gemachet, warm auf den Mast Darm geleget, nachdem es vorhero in der reinen Kuhe Milch gekochet, eines nach dem andern einige Stunden aufgeleget, loh warm. Es soll sehr gut sein sonderlich den weiblichen Geschlecht.

Vor einem tollen Hunde Biß ein gutes Mittel

Guten Vier Essig mit etwas frischer Butter warm gemacht, einen reinen Leinen Tuch eingetäuchet so warm es gelitten werden kann, ausgedrücket etwas, alsdann auf den Schaden geleget, wenn es will kalt werden, wieder warm umbgeschlagen und so lange damit verfahren bis sich der Geschwulst verlieret, auch zugleich muß der Patient 2, 3 auch 4 Löffel mit warmen Essich und Butter vermischt trinken, dieses Trinken muß täglich 3mal geschehen. Zwei auch 3 Tage nach einander damit leicht schwitzen.

Ein gutes Mittel für den Frost

Weiße Kreide geschabet und mit Bohm Öl zu einer Salbe gemachet, ziehet den Frost nachdem es einige Mal auf geleget wieder aus.

Für Reißen im Rücken auch ander Gliedern

Einen frischen Aal die Haut abgezogen, ein wenig trucken werden lassen, alsdenn an den Ort aufgebunden wo der Schmerz ist bis es besser ist. Diese Aal Haut kann wieder gebrauchet werden so oft es die Not erfordert und darf es nicht wieder eine andere sein.

Eine Salbe vor die Elster Augen [Hühneraugen]
3 Pfennig präparierten Toten Kopf, 3 Pfennig Grün Wachs, zusammen getan und zu einer Salbe gemacht und bei abnehmenden Mond den Fuß ins Wasser gesetzt. Das Elster Auge etwas abgeschabet und alsdann das Pflaster aufgeleget, so soll es das Elster Auge mit der Zeit rausziehen daß man es abnehmen kann.

Das Blut zu stillen
Weiß Vitriol eingeweicht mit reinen 3 Pfennig Wasser aus den Brunn[en] bis es ein wenig herbe wird auf der Zunge wornach man sich richten kann. Alsdann rein Leinen eingeweicht, aufgelegt ein bis zwei Tage, stillt sich das Blut einer frischen Wunde.

remedium für die Mausken
Die unterste Brühe wenn man Krebse gekochet hat, so warm an den Orten wo sich dies Ungeziefer aufhält rumb gespritzet, sollen sie weichen müssen, daß sie sich also verlieren. Man [kann] es tun so oft man dergleichen Brühe hat.

remedium vor die Fliehen [Fliegen]
Man nimmet Zichorien Wurzeln, schneidet sie klein und leget sie auf eine Kachel Ofen, durch den Geruch verlieren sie sich.

Vor den Husten
Wollraht, 1 Groschen Stern Annis, 6 Pfennig Senns Blätter, 6 Pfennig Zucker Kandi, dieses pulverisiert, aben[ds] und morgen[s] einige Messer Spitzen genommen.

Vor Stein Schmerzen
Venetianische Seife im recht warmen Wass[er] zergehen lassen, einen Trank davon gemacht und getrunken, soll den Stein vertreiben.

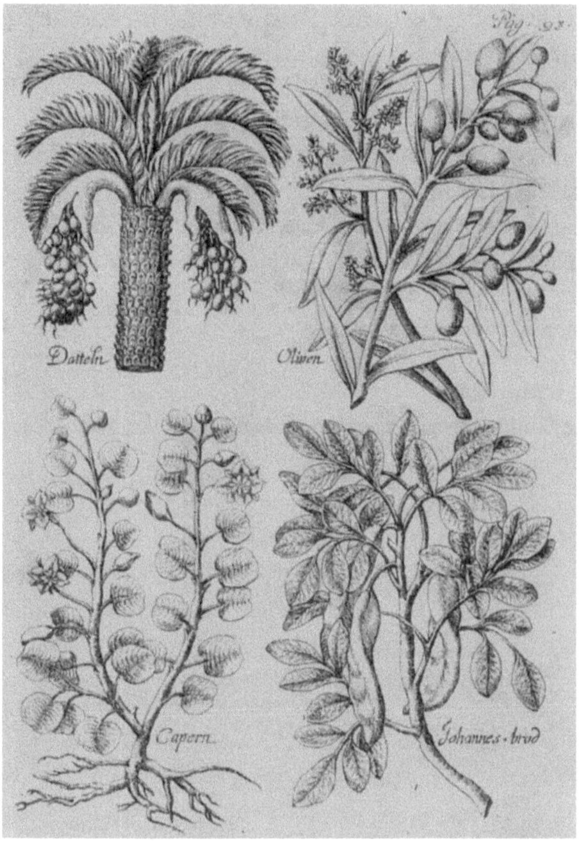

Mittel für Ackelei und Geschwulst
Frischen Lehm mit guten Essig genetzt und aufgeleget ziehet die Schmerzen aus.

Mittel für den Husten
Man nimmet 3 Viertel Pfund Honig, läßt selbigen recht gut heiß werden, alsdenn oben abgeschäumet den Wachs, alsdenn 1 Viertel Pfund Flieder Mus, einander gemischet. Des Abens und Morgens 2 oder 3 Tee Löffel eingenommen, Tee nach getrunken, vertreibet den Husten in kurzer Zeit.

Eine Frost Salbe
6 Pfennig weiß Jungfer Wachs, 6 Pfennig venetisch

Terpentien, 6 Pfennig Hirsch oder Bocks Talch, zusammen geschmolzen, wird eine Salbe. Auf rein gelb Leder gestrichen, nicht abgenommen bis es selbst abfället.

Vor Zähne Schmerzen
Schwefel auf einen Leinen Tuch gestreuet klein, wo der Schmerz ist aufgebunden, gegen die Nacht oder auch am Tage. Ruhig damit zu sein, ziehet die Schmerzen aus, ich habe es selbst probieret. Heyde.

Fieber recept
Vor 1 Groschen Aloe, 1 Groschen Rhebarber, 1 Groschen Angelick Wurzel, 1 Groschen Zitwer, 1 Groschen weißen Zimet, 1 Groschen Orient Safran. Ein Quart guten Korn Branntwein darauf gegossen, 2 Tage in der Sonne oder auf einen warmen Ofen distillieren lassen. Den Patienten ein $\frac{1}{2}$ Dreier Glas voll gegeben, einen Kinde $\frac{1}{4}$. Darauf kann man essen und trinken was man will aber mäßig.

Vor die Elster Augen
Safran Pflaster ist gut vor die Elster Augen, aufgeleget und darauf liegen lassen 8 auch 14 Tag, 3 Wochen.

Vor die Rote Ruhr oder starken Durchfall
Von den Trockenen Pülz oder pofist [Bovist] ein guten Tee Löffel mit lolichten Tee eingenommen, ist gut.

Vor starken Geschwulst
Trucken Wermut abgestreift 3 Hand voll, mit eine Hand voll Salz melieret, im einen Zwirnen Strumpf des Nachts auch bei Tage unter die Fußsohle gelegt, ist sehr gut befunden worden.

Vor den Frost Salbe
Venetschen Terpentien 6 Pfennig, weißen Jungfer Wachs 6 Pfennig, Bocks oder Hirsch Talch 6 Pfennig, in einen neuen erdnen Tiegel zusammen geschmolzen zu einer Salbe, auf neu gelb Leder strichen, aufgeleget bis es von selbsten abfället, ist sehr gut.

Vor die Rose eine Salbe
Das Weiße vom einen frischen Ei, 1 Pfennig Alaune an einen Stück, die Alaune mit das Weiße von Ei auf einen Teller gerieben bis es zur Salbe wird, alte Leinen Lappen darein getauchet und auf die Pulzen [Pulse] der Hände gebunden. Wenn es gebrauchet ist noch ein Mal wie vorhero auf den Abend ein resolvier Pulver eingenommen und geschwitzt, den andern Aben noch ein Pulver eingenommen, wird die Rose gefallen sein.

Eine Salbe vor Schwulst auch vor die so genannte Ackelei
Wein Essig, selbigen kochen lassen und denn Roggen Mehl eingerühret daß es wie eine dünne Salbe wird, und so warm wie man es leiden kann umbgeschlagen, benimmt die Hitze auch den Geschwulst in kurze Zeit. Alsdenn eine gute Heilsalbe zu Hülfe genommen.

Ein Heil Salbe so gut ist vor Brand Schaden auch andern offnen Wunden
1) Von einen Rindern Röhr Knochen oder von den Klauen das Mark,
2) aus einen Schinken Knochen den Mark,
3) Jungfer Wachs nach atvinant [voraufgegangenen] vor 6 oder 3 Pfennig,
4) von einer Seiten Speck so geräuchert ist das Schwarze von außen etwas,
5) etwas weißen Baum Öl,
6) etwas Hirsch Talch,
7) etwas weißen Pich.

Diese hier specificierte Species zusammen geschmolzen in einen Tiegel und alsdann wann es geschmolzen und gut durch einander gekröschet in ein rein Krugchen gegossen, daß es kalt wird.

Wort- und Sacherklärungen zum Rezeptteil

Ackelei — Geschwulst (Furunkel, Karbunkel), insbesondere Fingergeschwür.

Alant — Gattung gelb blühender Korbblütler (Inula).

Alaun — Alkali-Alumininium-Doppelsalz der Schwefelsäure, wurde unter anderem als blutstillendes Mittel verwandt.

Aloe — Liliengewächs afrikanischer Trockengebiete (Aloe capensis), der Blütensaft wirkt stark abführend.

Angelika — Engelwurz, das getrocknete Rhizom von Angelica archangelica officinalis Hoffm., magenstärkend.

Aran, Arancini — Scheiben von kleinen unreifen, gezuckerten Pomeranzen, magenstärkend.

Balsamblüten — Blüten der tropischen Kletterpflanze Momordica balsamina L.

Bassum Samen — wohl Samen des Basilikumkrauts (Ocimum basilicum).

Baumöl — Olivenöl

Bibergeil — (Castoreum), Inhalt der Geilsäcke des Bibers, deren ätherische Öle, Harze und Salicin krampfstillend und belebend wirken.

Dreiblatt — Fieberklee, Wiesenmangold (Menyanthes trifoliata L.), die Blätter enthalten Menyanthin, sie sind als Bittermittel bei Verdauungsschwäche, aber nicht als Fiebermittel wirksam.

Eisenherdkraut — wohl Eisenkraut (Verbana officinalis), bläulichrote Blüten in langen Ähren, wirkt adstringierend.

Engelsüß — Wurzelstock des Tüpfelfarns (Polypodium vulgare L.).

Fel Tauri — Ochsengalle

Fengbeeren, Fennbeeren — Moosbeeren

Fliedermus — Holunderbeermus

Fliederwasser — Holunderbeergeist

Galgant — Galbanwurzel, Siam-Ingwer. Wurzelstöckder ostasiatischen Alpina officinarum Hance, ente hält ätherische Öle und den Bitterstoff Galangol.

Griechisch Pech — Kolophonium. Destillationsrückstand des Harzes von Nadelhölzern.

Grünes Wachs — durch Zusammenschmelzen von 12 Teilen Bienenwachs, 6 Teilen Fichtenharz, 4 Teilen Terpentin und 1 Teil pulverisiertem Grünspan gewonnen.

Heiligen Geist Wurzel — s. Angelika
Herba Absynthii — s. Wermut

Johannisbrot — bis 20 cm lange Hülsenfrucht des mittelmeerischen Baumes Ceratonia siliqua L.
Johannis Öl — wohl Öl aus dem Wurzelstock des Wurmfarns (Johanniswurzel), der auch gegen Würmer angewendet wurde.

Kalmus — Deutscher Ingwer. Die geschälten und getrockneten Rhizome der Acorus calamus L. wirken appetitanregend und verdauungsfördernd durch hohen Gehalt an ätherischen Ölen.
Kanarienzucker — Zucker von den Kanarischen Inseln.
Krauseminze — gekräuselte Sorten verschiedener einheimischer Minzearten, von denen vor allem die Grüne Roßminze (Mentha spicata var. crispa) wegen des hohen Gehalts an ätherischen Ölen als Gewürz Verwendung findet.
Kropp(niederdt.) — Kropf, Kehlkopferkrankung der Pferde.
Kubemeson — Kubebenpfeffer (Piper cubeba L.), verdauungsfördernd, appetitanregend.

Lakritzenholz — die holzige Wurzel des Süßholzstrauches.
Langer Pfeffer — getrocknete unreife Fruchtstände des indischen Piper longum L.
Libanum albeum — weißer Weihrauch. Weißes Gummiharz aus araschen Boswellia-Arten zur Pflasterbereitung.
Liebenell — Bibernell, Pimpinella L., Doldenblütler, befördert die Sekretion der Schleimhäute.
Löffelkraut — (Cochlearia officinalis L.), enthält Senfölglykosid und Vitamin C.
lolicht — lauwarm
Lot — Massemaß. 1 Pfund = 32 Lot; 1 Lot = 4 Quentlein = 15,2 Gramm.

Mandel — 15 Stück
Marter Knospen — Knospen von Marthenholz (Rotholz) (Caesalpinia axillaris), das gegen Wechselfieber Verwendung fand.
Mastix — Harz der Rinde des mittelmeerischen Mastixstrauches (Pistacia lentiscus L.), ehemals auch als Kaumittel für wohlriechenden Atem, als Zahnpulver oder Räucherpulver verwendet.
Meerzwiebel — wohl Urginea maritima, mittelmeerisches Liliengewächs, dessen Zwiebel herzwirksame Glykoside liefert.
Meisterwurzel — Kaiserwurzel (Imperatoria ostruthium L.), seit dem Mittelalter arzneilich genutzt.

Nelkenborke — Nelkenrinde, Nelkenzimt, Rinde eines brasilianischen Baumes (Dicypellium caryophyllatum Nees.) mit nelkenähnlichem Geschmack.

Olsnitz — Ölsenich, Sumpflilie (Selinum palustre), harntreibend.
Ößel, Nößel — Hohlmaß. 1 Quart = 2 Ößel; 1 Ößel ca. 0,58 Liter.

Paradiesäpfel — Tomaten
Paradies Kerner oder Paris Körner — Paradieskörner (Amom granum paradise) aus der Familie der Ingwergewächse, ehemals als Arzneimittel verwendet.
Pfefferkraut — Bohnenkraut
Pfennig — Denier, Skrupel. 1. Scheidemünze: 1 Groschen = 12 Pfennige; 2. Massemaß, Apothekergewicht: 1 Quentlein = 3 Pfennig; 1 Pfennig = 20 Gran = 1,27 Gramm.
Pfund — Massemaß. 1 Zentner = 110 Pfund; 1 Pfund = 32 Lot = 485 Gramm.
Pomeranzen — Bitterorange (Citrus aurantium). Die dicke, bitter schmeckende Schale umschließt ein saures, frisch ungenießbares Fruchtfleisch, das zur Marmeladenherstellung dient. Die kandierten Schalen ergeben Orangeat.

Quart oder Maß — Getränkemaß. In Berlin ca. 1,15 Liter. Wein: 1 Eimer = 64 Quart; Bier: 1 Tonne = 96 Quart.
Quentlein — Quentin, Drachme. Massemaß, Apothekergewicht. 1 Lot = 4 Quentlein; 1 Quentlein = 3 Pfennig = 3,8 Gramm.

Remedium — Heilmittel

Römische Nesselsamen — Samen von Urtica pilulifera L. (Pillenbrennessel).

Rosenwasser — in Ethanol gelöstes und mit Wasser stark verdünntes Rosenöl.

Rote Miere — Gauchheil (Anagallis arvensis L.) = Pflanze, die Narren heilt, als Mittel gegen Geisteskrankheiten angesehen.

Salix — Weide. Die Rinde mehrerer Weidenarten wurden wegen des Gehalts an Salicin fiebersenkend und gegen rheumatische Beschwerden genutzt.

Salpeter Kuchen — Gemisch von Natriumhydrogensulfat; Rückstand bei der Herstellung von Salpetersäure aus Natronsalpeter und Schwefelsäure.

Sandel, Sandelholz — stark duftendes und würzig schmeckendes Holz von der indonesischen Sandelholzinsel Sumba, das ehemals pulverisiert gegen Darmkatarrh, Blasenkatarrh und Genorrhoe, auch als Zahnpulver und Räuchermittel gebraucht wurde.

Schaden — Wunde, Geschwür

Scharbock — Skorbut, Mundfäule

Schwefelblüte — an hellen Flächen feinpulvrig sublimierter Schwefeldampf.

Securs = *Secours* — Beistand

Senkel Samen — Senkel als altertümliche Bezeichnung für Roggen belegt, auch allgemein für Ähren.

Stallen — harnen bei Pferden.

Steinmark — undurchsichtige, fettig anzufühlende, tonerdehaltige Silikate.

Süßholz — Lakritze, Wurzel von Glycyrrhiza glabra L., schleimlösend und hustenstillend.

Teufels Abbiß — in ganz Europa auf feuchten Wiesen und in Wäldern heimisches Kraut (Scabiosa succisa L.), dessen Wurzel früher zur Arznei gebraucht wurde.

Tormentill — Blutwurz, Ruhrwurz (Tormentilla erecta L.), die Wurzel enthält Chinovasäure und Gerbsäure und wirkt kräftig adstringierend.

Venezianischer Terpentin — in Südtirol aus dem Kernholz der Lärche gewonnen.

Violenwurzel — Veilchenwurzel, Wurzel von Iris germanica L. und weiterer Irisarten, wurde ehemals auch als schmerzstillendes Mittel für zahnende Kinder und als aromatisierender Zusatz des Tabaks gebraucht.

Wegebreit — Wegerich (Plantago L.), Blätter auch als kühlendes Verbandmittel äußerlich genutzt.

Weißer Lärchen Schwamm — Pilz (Polyporus officinalis Fr.), der an Lärchenstämmen wächst und stark abführend wirkt.

Weißes Pech — Vaseline, ein Gemisch fester und flüssiger Erdölkohlenwasserstoffe mit einem Schmelzbereich von 35 bis 60 °C, dient als Grundlage zur Herstellung von Salben.

Wollkraut — Fackelkraut, Königskerze (Verbascum), Gattung filzig behaarter Arzneipflanzen mit meist gelbem langem Blütenstand.

Wollraht — Wollfett (Lanolin), Salbengrundlage.

Ysop — Blätter von Hyssopus officinalis L., für Benediktiner-Liköre verwendet.

Zitwerwurzel — getrocknete Rhizomknollen von Curcuma zedoária Berg., deren ätherische Öle Zineol enthalten, unter anderem für Bitterliköre und als Bestandteil von Currypulver verwendet.

Zeittafel

Jahr	Berlin	Brandenburg-Preußen und das Reich	außerdeutsche Ereignisse
1740	Die Einwohnerzahl überschreitet 100000 (einschließl. d. Garnison).	Thronbesteigung Friedrichs II. (31. 5.). Tod des römisch-deutschen Kaisers Karl VI. (20. 10.) und Thronbesteigung seiner Tochter Maria Theresias als Königin von Österreich und Ungarn. Einmarsch Friedrichs II. in Schlesien, Beginn des ersten Schlesischen Krieges (6. 12.).	Beginn des Österreichischen Erbfolgekrieges, da die weibliche Erbfolge der österreichischen Habsburger nicht anerkannt wird. Frankreich, Bayern und Preußen stehen Österreich, England und Hannover gegenüber.
1741		Preußischer Sieg bei Mollwitz (10. 4.), auf beiden Seiten 9300 Tote und Verwundete.	Die Partei der «Hüte» in Schweden erzwingt einen Krieg gegen Rußland, der 1743 mit einer Niederlage endet.
1742	Karl David Kircheisen wird nach Pariser Vorbild als Polizeidirektor eingesetzt. Einrichtung des Arbeitshauses in der Krausenstraße zur Beseitigung der Straßenbettelei.	Karl Albrecht von Bayern in Frankfurt/M. zum römisch-deutschen Kaiser Karl VII. gekrönt (25. 1.). Einnahme Münchens durch die Österreicher (27. 1.). Preußen besiegt in der Schlacht bei Chotusitz (17. 5.) die Österreicher, Gesamtverluste 11100 Mann, und schließt Frieden zu Breslau (28. 6.).	
1743	Fertigstellung des Opernhauses Unter den Linden nach Plänen von Georg Wenzeslaus von Knobelsdorff.		
1744	Neueröffnung der Königlichen Akademie der Wissenschaften.	Friedrich II. eröffnet den zweiten Schlesischen Krieg gegen Österreich (10. 8.). Einnahme von Prag (16. 9.). Preußischer Sieg bei Hohenfriedberg (4. 6.), Gesamtverluste 18500 Mann.	Seeschlacht zwischen Briten und Franzosen bei den Hyères-Inseln (22.2.). Bündnis zwischen England, Österreich, Sachsen und den Niederlanden (8. 1.).

Jahr	Berlin	Brandenburg-Preußen und das Reich	außerdeutsche Ereignisse
1745		Preußischer Sieg bei Soor in Böhmen (30. 9.), Gesamtverluste 11300 Mann. Preußischer Sieg bei Kesselsdorf in Sachsen (15. 12.), Gesamtverluste 19500 Mann. Frieden zu Dresden zwischen Preußen, Sachsen und Österreich (25. 12.).	Briten erobern die kanadische Insel Cape Breton mit der Festung Louisburg (Mai).
1746	Der Finowkanal zwischen Oder und Havel fertiggestellt, verbindet Berlin mit der Ostsee.		Die Franzosen besetzen Madras (21. 9.).
1747	«Rathäusliches Reglement» erlassen, das den Magistrat zugunsten des königlichen Stadtpräsidenten und Polizeidirektors vollends entmachtet. Gründung einer «Ökonomisch-Mathematischen Realschule» mit Lehrerseminar durch den Francke-Schüler Johann Julius Hecker.	Friedrich II. leitet Ansiedlungspolitik ein. 1747 bis 1753 Melioration des Niederoderbruchs. Einweihung von Schloß Sanssouci (1. 5.).	Seeschlacht bei Kap Finisterre (Spanien) zwischen Briten und Franzosen (14. 5.).
1748	Das Invalidenhaus zur Versorgung dienstuntauglicher armer Soldaten eingeweiht. Abbruch des alten Doms und Baubeginn eines neuen am Lustgarten. Gotthold Ephraim Lessing wird Redakteur der «Berlinischen privilegierten Zeitung», die seit 1751 als «Vossische Zeitung» erscheint.	Neue Prozeßordnung zur Beschleunigung der gerichtlichen Verfahren in Brandenburg-Preußen.	Seeschlacht bei Belle Isle (Nordamerika) zwischen Briten und Franzosen. Der Friede zu Aachen beendet den Österreichischen Erbfolgekrieg, garantiert Österreich die Erbfolge Maria Theresias und Preußen den Besitz Schlesiens (18. 10.).
1749	Der Unternehmer David Splitgerber legt die erste Zuckersiederei an, zwei weitere folgen 1751 und 1753. Die Berliner Aufklärer gründen den «Montagsclub».	Edikt gegen das Bauernlegen des Adels in Brandenburg-Preußen (12. 8.).	

Jahr	Berlin	Brandenburg-Preußen und das Reich	außerdeutsche Ereignisse
1750	Porzellanmanufaktur durch den Kaufmann Wilhelm Caspar Wegely gegründet.	Voltaire kommt an den Hof Friedrichs II. (Juli).	
1751	Neu-Voigtland als Kolonie für sächsische Bauarbeiter nördlich Berlins vor dem Hamburger Tor geplant.	Gründung der Gesellschaft der Wissenschaften in Göttingen.	Britischer Überfall auf den französischen Handelsplatz Arkot in Indien (11. 11.). Denis Diderot beginnt die Herausgabe der «Enzyklopädie der Wissenschaften, Künste und Gewerbe» (bis 1772), eines Hauptwerks der französischen Aufklärung.
1752	Die Pulverkammer bei der Pulvermühle vor dem Brandenburger Tor explodiert und tötet 4 Arbeiter (14. 4.).		Benjamin Franklin erfindet den Blitzableiter.
1753	Unter den Linden wird die Stadtresidenz des Prinzen Heinrich von Johann Boumann dem Älteren (Humboldt-Universität) erbaut.	Übergabe der «Generalprinzipien des Krieges» von Friedrich II. an seine Generäle.	Die Franzosen schließen Errichtung ihrer Kolonialherrschaft im Ohiotal ab.
1754		Gründung von aufgeklärten Lesegesellschaften in Tübingen (1753), Kiel, Karlsruhe (1754), Altdorf und Erlangen (1756) sowie anderen deutschen Städten.	
1755	Seit dem Regierungsantritt Friedrichs II. ist das Seidengewerbe der Hauptstadt auf nahezu 600 Webstühle angewachsen. Lohnkämpfe in der Zuckersiederei, worauf alle Streitsachen zwischen Manufakturarbeitern und Unternehmern dem Polizeidirektor überwiesen werden.	Prozeß gegen den Kameralisten Johann Friedrich von Pfeiffer, dem als Kriegsrat in preußischen Diensten Unterschlagungen bei der Ansiedlung von Kolonisten vorgeworfen werden.	Beginn des Kolonialkrieges zwischen Großbritannien und Frankreich, hauptsächlich in Indien und Nordamerika. Sieg der Franzosen in der Schlacht bei Monongahela am Ohio (9. 7.). Russisch-englischer Beistandspakt (30. 9.). Erdbeben in Lissabon (1. 11.), 30000 Tote.

Jahr	Berlin	Brandenburg-Preußen und das Reich	außerdeutsche Ereignisse
1756	Mit dem Auszug der Regimenter in den Krieg sinkt die Stadtbevölkerung um ein Fünftel auf 92500 Personen. Arbeitslosigkeit breitet sich aus.	Westminster-Konvention zwischen Preußen und England (16. 1.). Defensivbündnis zwischen Frankreich und Österreich zu Versailles (1. 5.). Einmarsch der preußischen Armee in Sachsen (29. 8.). Sieg der Preußen bei Lobositz (1. 10.), Gesamtverluste 5700 Mann. Kapitulation der sächsischen Armee bei Pirna.	Sieg der Franzosen über die Briten in der Seeschlacht bei Menorca (20. 5.). Im Bunde mit dem König unternimmt in Schweden die reformbereite Adelspartei der «Mützen» unter Führung von Baron Gustav Jacob von Horn einen Staatsstreich gegen die herrschenden «Hüte», der aber scheitert.
1757	3500 österreichische Husaren unter General Andreas von Hadik vor Berlin, er erpreßt 215000 Taler Kontribution (16. 10.). Die Zahl der Webstühle im Textilgewerbe geht gegenüber 1756 um 900 zurück. Seuchen und die Zunahme der Sterblichkeit unter den Armen veranlassen den Berliner Pastor und Bevölkerungstheoretiker Johann Peter Süßmilch zu der Schrift: «Gedanken von den epidemischen Kranckheiten und dem größeren Sterben des 1757ten Jahres ...», die 1758 in Berlin erscheint.	Gefecht bei Reichenberg (21. 4.). Sieg der Preußen bei Prag (6. 5.), Gesamtverluste 28000 Mann, ohne daß die Stadt eingenommen werden konnte. Sieg der Österreicher bei Kolin (18. 6.) zwingt Preußen zum Rückzug aus Böhmen, Gesamtverluste 22700 Mann. Einnahme von Memel durch die Russen (5. 7.). Sieg der Russen bei Großjägersdorf (Wehlow) (30. 8.), Gesamtverluste 10600 Mann. Sieg der Preußen über die Franzosen und die Reichsarmee bei Roßbach (5. 11.), Gesamtverluste 10550 Mann, davon nur 550 preußische Soldaten. Sieg der Österreicher bei Breslau (22. 11.) nach Einnahme der Festung Schweidnitz (13. 11.), Gesamtverluste 11600 Mann. Preußischer Sieg in der Schlacht bei Leuthen (Parchwitz und Neumark) (5. 12.), Gesamtverluste 16400 Mann.	Briten erobern Kalkutta zurück (2. 1.).

Jahr	Berlin	Brandenburg-Preußen und das Reich	außerdeutsche Ereignisse
1758	Der 1756 begonnene Bau des neuen Arbeitshauses in der Königstadt auf dem späteren Alexanderplatz beendet. Streik in der Baumwollmanufaktur von Benjamin Elias Wulff gegen Lohnkürzungen (Juni).	Einnahme von Ostpreußen durch die Russen, Huldigung der Stände in Königsberg (22. 1.). Sieg der mit Preußen verbündeten westdeutschen Armee über die Franzosen bei Krefeld (23. 6.), Gesamtverluste 5 800 Mann. Unentschiedene Schlacht bei Zorndorf an der Oder zwischen Preußen und Russen (25. 8.), Gesamtverluste 31 000 Mann. Sieg der Österreicher bei Hochkirch (14. 10.), Gesamtverluste 16000 Mann.	Sieg der Briten über die Franzosen bei Quebec leitet Zusammenbruch des französischen Kolonialreichs in Nordamerika ein.
1759	Der Bankier Veitel Ephraim prägt auf Grund von Pachtverträgen mit dem König in preußischen und sächsischen Münzstätten minderwertiges Geld zur Deckung der Kriegskosten.	Französischer Sieg über mit Preußen verbündete Truppen bei Bergen (Frankfurt/M.) (13. 4.), Gesamtverluste 6 300 Mann. Preußische Verbündete siegen bei Minden über Franzosen (1. 8.), Gesamtverluste 8 800 Mann. Russischer Sieg bei Kunersdorf an der Oder (12. 8.), Gesamtverluste 32 500 Mann. Kapitulation von Dresden (4. 9.).	Briten landen auf Guadeloupe (23. 1.). Seeschlacht bei Quiberon (Bretagne) (20. 11.) entscheidet Seekrieg für Großbritannien.
1760	Einnahme Berlins durch Russen und Österreicher (3. bis 12. 10.).	Österreichischer Sieg bei Landeshut (Schlesien) (23. 6.), Kapitulation der Festung Glatz (26. 6.). Preußischer Sieg bei Liegnitz (15. 8.), Gesamtverluste 7 000 Mann. Preußischer Sieg bei Torgau (3. 11.), Gesamtverluste 32 000 Mann.	Kapitulation französischer Truppen in Montreal (8. 9.), Ende der französischen Herrschaft in Nordamerika. Industrielle Revolution beginnt in England.
1761	Ausstand der Tuchbereitergesellen.	Preußisch-türkischer Freundschafts- und Handelsvertrag.	Kapitulation der französischen Festung Pondichéry in Indien (16. 1.).

Jahr	Berlin	Brandenburg-Preußen und das Reich	außerdeutsche Ereignisse
1761	Der Münzpächter Veitel Ephraim kauft durch einen Mittelsmann das Haus Poststraße 16, das spätere Ephraimpalais.	Sieg der mit Preußen verbündeten Truppen bei Vellinghausen i. W. (Hamm) über die Franzosen (15./16. 7.). Kapitulation der Festung Kolberg (16. 12.). Halb Schlesien und Teile Sachsens durch Preußen aufgegeben.	Landung der Briten auf Belle Isle (25. 4.).
1762	Hungersnot, Holzmangel. Das Gewicht eines Groschenbrotes sinkt im Dezember auf 1 Pfund 2 Lot = 1/5 des Gewichtes eines Brotes vom Sommer 1755. Die Firma Splitgerber und Daum erreicht mit Kriegslieferungen den Rekordumsatz von 4 Millionen Talern.	Friede zu Petersburg zwischen Rußland und Preußen (5. 5.). Preußisch-russischer Allianzvertrag (19. 6.). Die Preußen erobern Schweidnitz zurück (9. 10.). Preußischer Sieg über die Reichsarmee bei Freiberg (29. 10.), Gesamtverluste 4800 Mann. Raubzug der Preußen nach Franken und Böhmen.	Tod der Zarin Elisabeth, ihr Nachfolger wird Peter III. (5. 1.). Sturz Peters III., seine Nachfolgerin wird Katharina II. (7. 7.). Kapitulation von Französisch-Martinique (13. 2.). Kapitulation der spanischen Garnison von Havanna vor den Briten. Jean Jacques Rousseau entwickelt die Lehre von der Volkssouveränität im Gesellschaftsvertrag.
1763	Gesandtschaft des Resmi Achmed Efendi, Ratgeber des türkischen Sultans (21. 11. 1763 bis 20. 4. 1764). Die Nachkriegskrise führt zum Zusammenbruch des Wechselmarktes und zahlreichen Bankrotten in der Hauptstadt. Die Porzellanmanufaktur von Johann Ernst Gotzkowski geht in königlichen Besitz über.	Friede zu Hubertusburg zwischen Preußen, Österreich und Sachsen (15. 2.). Münzedikt zieht minderwertige Kriegsmünze aus dem Verkehr. Der Bau des Neuen Palais im Park von Sanssouci beginnt.	Friede zu Paris zwischen Großbritannien, Frankreich und Spanien (10. 2.).
1764	Die Lebensverhältnisse haben sich stabilisiert, das Brotgewicht übertrifft den Vorkriegsstand.	Der österreichische Erzherzog Joseph wird zum römischen König gekrönt (27. 3.) und am 18. 8. 1765 zum Kaiser des «Heiligen Römischen Reiches deutscher Nation» gewählt als Joseph II.	Wahl Stanislaw Poniatowskis zum letzten polnischen König mit Unterstützung Rußlands (7. 9.).

Jahr	Berlin	Brandenburg-Preußen und das Reich	außerdeutsche Ereignisse
1765	Königliche Bank (Banco) gegründet. Der Buchhändler Friedrich Nicolai gibt die «Allgemeine Deutsche Bibliothek» heraus.	Bauernunruhen in Schlesien. Die Einführung der «Regie» überantwortet die gesamte Steuerverwaltung französischen Steuerspezialisten und bringt erhebliche Steuererhöhungen (14. 7.).	
1766	Tumulte gegen Tabak- und Kaffeeakzise. Seidengewerbereglement ordnet das kapitalistische Gewerbe künftig unter staatlicher Aufsicht.		
1767	Sechs Infanteriekasernen gebaut. Einrichtung der königlichen Manufakturkommission. Wilhelm von Humboldt, Begründer der Berliner Universität, geboren (22. 6.).	Geheimkonvention zwischen Preußen und Rußland bereitet Teilung Polens vor (4. 5.).	Russische Truppen zwingen polnischen Sejm zur Gleichberechtigung von Nichtkatholiken.
1768	Lessings «Minna von Barnhelm» von Döbbelins Schauspieltruppe aufgeführt.		Polnische katholische Adelspartei schließt mit Unterstützung der Türkei Konföderation von Bar gegen Gleichberechtigung Andersgläubiger und gegen russischen Einfluß und prorussische Politik des Königs (Februar). Kriegserklärung der Türkei an Rußland.
1769	Von 1769 bis 1777 Bau von 149 großen Bürgerhäusern vor allem Unter den Linden, um den Gendarmenmarkt (Platz der Akademie) und am Hackeschen Markt.	Begegnung Friedrichs II. mit Joseph II. in Neiße (25. 8.). Aufstand in sieben Spinnerdörfern im Oderbruch gegen Frondienste (Juli/August).	Kriegshandlungen in der Ukraine, auf der Krim und im Kaukasus mit türkischer Überlegenheit.
1770	Forstlehranstalt gegründet.	Treffen Friedrichs II. mit Joseph II. in Mähren-Neustadt (3. bis 9. 9.).	Russischer Sieg in der Seeschlacht in der Bucht von Çeşme (26. 6.).

Jahr	Berlin	Brandenburg-Preußen und das Reich	außerdeutsche Ereignisse
1771	Infolge von Mißernten setzen Teuerung und Hungersnot ein.		Eroberung der Krim durch die Russen.
1772	Kasernenbau am Weidendamm beginnt. Königliche Seehandlungskompanie gegründet.	Annektion des überwiegend polnisch besiedelten Westpreußen (13. 9.) durch Preußen.	Teilung Polens unter Preußen, Rußland (17. 2.) und Österreich (5. 8.). Sturz und Hinrichtung des Ministers Graf Johann Friedrich Struensee, der Reformen im Sinne des aufgeklärten Absolutismus in Dänemark durchführte (28. 4.).
1773	Hedwigskathedrale nach 26jähriger Bauzeit fertiggestellt. Französisches Komödienhaus am Gendarmenmarkt (Platz der Akademie) eröffnet.	Fertigstellung des Bromberger Kanals, der die Elbe mit der Weichsel verbindet.	Russische Siege über die Türken bei Turtucaia, Hirsova und Kosludshi. Bostoner Teesturm (16. 12.) gegen britische Kolonialherrschaft in Nordamerika.
1774			Frieden von Kütschük Kainardschi zwischen Russen und Türken, Rußland wird Schwarzmeermacht (10. 7.).
1775	Streik der Seidenwirkergesellen gegen Lohnsenkung durch Manufakturunternehmer.		Beginn des Unabhängigkeitskrieges der britischen Kolonien in Nordamerika (23. 3.).
1776	Friedrich Nicolais aufgeklärter Roman «Sebaldus Nothanker» erscheint.		
1778		Preußen tritt gegen Joseph II. in den Bayerischen Erbfolgekrieg ein (5. 7.).	Eintritt Frankreichs in den Nordamerikanischen Unabhängigkeitskrieg als Gegner Großbritanniens.
1779	Die Zahl der Baumwollwebstühle ist auf 1 000 gestiegen und hat sich damit gegenüber dem Kriegsende um die Hälfte vermehrt. Das Wollgewerbe erholt sich nicht, da die leichten, bunt	Frieden von Teschen (13. 5.) zwischen Preußen und Österreich schreibt das Gleichgewicht und den preußisch-österreichischen Dualismus fest. Der Krieg kostete Preußen 17 Mill. Taler.	Eintritt Spaniens in den Nordamerikanischen Unabhängigkeitskrieg auf seiten Frankreichs.

Jahr	Berlin	Brandenburg-Preußen und das Reich	außerdeutsche Ereignisse
1779	bedruckten Kattune und Musseline die Wollzeuge aus der Frauenkleidung verdrängen.		
1780	Bau der Königlichen Bibliothek (Kommode) vollendet.	Friedrich II. greift willkürlich in den Prozeß des Müllers Arnold ein, wirft kurzzeitig die Richter ins Gefängnis und nährt damit die Illusion des Volkes von einem gerechten König.	Teilnahme der Niederlande am Nordamerikanischen Unabhängigkeitskrieg gegen Großbritannien.
1783	Bau des neuen Gebäudes für das Lagerhaus (Wollmanufaktur) in der Klosterstraße vollendet. Die «Berlinische Monatsschrift», ein Organ der Aufklärung, erscheint. Die geheime «Mittwochsgesellschaft» wird von Berliner Aufklärern gegründet.		Der Frieden von Paris (3. 9.) beendet den Nordamerikanischen Unabhängigkeitskrieg. Angliederung der Krim an Rußland mit Zustimmung Österreichs.
1785	Unter 146000 Einwohnern sind 15000 Manufakturarbeiter und 33000 Angehörige der Garnison.	Preußen gründet den gegen Österreich gerichteten Deutschen Fürstenbund (23. 7.). Unruhen in der Weberkolonic Nowawes bei Potsdam (Dezember).	
1786	Aufstand der Posamentierer gegen Manufakturbesitzer (März). Tod des Philosophen Moses Mendelssohn (4. 1.).	Tod Friedrichs II. (17. 8.).	Aufstand von Manufakturarbeitern in Lyon. Der französische König Ludwig XVI. beruft eine Versammlung der Notabeln ein, um aus der Wirtschaftskrise herauszukommen.

Fotonachweis

Archenhold-Sternwarte, Berlin-Treptow;
Armeemuseum der DDR, Dresden;
Deutsche Staatsbibliothek, Kartenabteilung, Berlin;
Hugenotten-Museum, Berlin;
Märkisches Museum, Berlin;
Militärverlag der DDR, Berlin;
Sächsische Landesbibliothek, Deutsche Fotothek, Dresden;
Staatliche Kunstsammlungen Dresden, Kupferstich-Kabinett;
Staatliche Museen zu Berlin, Kupferstichkabinett;
Staatliche Museen zu Berlin, Münzkabinett;
Staatsarchiv Potsdam;
Staatsbibliothek, PKB, Handschriftenabteilung, Berlin (West);
Stadtarchiv Berlin;
Zentralstelle für Genealogie in der DDR, Leipzig.

Schutzumschlag Vorderseite:
Silberner Willkommen-Anhänger, mit Wappen
des Bäckergewerks in Berlin, 1765

Schutzumschlag Rückseite:
Schlacht bei Hohenfriedberg am 4. 6. 1745,
Kupferstich von Georg Friedrich Schmidt

Auszug aus der Stammtafel der Hohenzollern

Friedrich W
* 1688, † 1
König in P
von Brand
⚭ Sophie
Tochter de
von Hanno

Wilhelmine
* 1709, † 1758;
⚭ Friedrich,
Markgraf von Brandenburg-Bayreuth

Friedrich II.
* 1712, † 1786,
König von Preußen
und Kurfürst von
Brandenburg;
⚭ Elisabeth,
Tochter des Herzogs
von Braunschweig-Bevern

Luise Friederike
* 1714, † 1784;
⚭ Karl Wilhelm
Friedrich,
Markgraf von
Brandenburg-Ansbach

Philippine Charlotte
* 1716, † 1801;
⚭ Karl
von Braunschweig-Bevern

Sophie
* 1719, † 1765;
⚭ Friedrich Wilhelm,
Markgraf von Brandenburg-Schwedt,
Enkel des Kurfürsten
Friedrich Wilhelm aus
2. Ehe

Ulrike
* 1720, † 1782;
⚭ Adolf Friedric
von Holstein-Got
König von Schwe

Kinder von Sophie:

Dorothea
* 1736, † 1798;
⚭ Friedrich Eugen,
Herzog von
Württemberg

Luise
* 1738, † 1820;
⚭ Ferdinand,
Sohn Friedrich
Wilhelms I.

Philippine
* 1745, † 1800;
⚭ Friedrich II.,
Landgraf von Hessen-Kassel

Friedrich Wilhelm
* 1744, † 1797,
König von Preuße
Kurfürst von
Brandenburg;
⚭ 1. Elisabeth,
Tochter des Herzo
von Braunschweig
Wolfenbüttel;
⚭ 2. Friederike,
Tochter des Land
von Hessen-Darm

Friederike
* 1767, † 1820;
⚭ Friedrich,
Herzog von York

Friedrich W
* 1770, † 1
König von
Kurfürst vo
burg;
⚭ Luise,
Tochter de
Karl II.
zu Mecklen
Strelitz

I.

und Kurfürst
;
ea,
irsten

August Wilhelm
* 1722, † 1758,
Prinz von Preußen;
⚭ Luise, Tochter des Herzogs von Braunschweig-Bevern

Amalie
* 1723, † 1787

Heinrich
* 1726, † 1802;
⚭ Wilhelmine, Tochter des Landgrafen von Hessen-Kassel

Ferdinand
* 1730, † 1813;
⚭ Luise,
Tochter des Markgrafen Friedrich Wilhelm von Brandenburg-Schwedt

Heinrich
* 1747, † 1767

Wilhelmine
* 1751, † 1820;
⚭ Wilhelm V.
von Nassau-Oranien,
Erbstatthalter der Niederlande

Luise
* 1770, † 1836;
⚭ Heinrich
Fürst Radziwill,
Statthalter des Großherzogtums Posen

Heinrich
* 1771, † 1790

Ludwig
* 1772, † 1806

August
* 1779, † 1843

n III.

en und
nden-

ogs

Ludwig
* 1773, † 1796;
⚭ Friederike,
Tochter des Herzogs Karl II.
zu Mecklenburg-Strelitz

Wilhelmine
* 1774, † 1837;
⚭ Wilhelm Friedrich,
Erbprinz von Oranien,
König der Niederlande

Auguste
* 1780, † 1841;
⚭ Kurfürst Wilhelm II.
von Hessen-Kassel

Heinrich
* 1781, † 1846

Wilhelm
* 1783, † 1851;
⚭ Tochter des Landgrafen von Hessen-Homburg

Stammtafel der Familie Heyde

Martin Heyde,
Bruder Gottfried Heydes
* um 1680, † um 1737,
Bg. u. Bäcker 1706;
⚭ 1. 1706 Anna Zimmermann,
Wwe. Bg. u. Fischhändler;
⚭ 2. Catharine Riele,
* 1697, † 1773

Johann Friedrich Heyde
*1707, † vor 1772,
Bg. u. Bäcker
1729

Christian Friedrich Heyde
* 1710,
Bg. u. Bäcker
1738;
⚭ 1738,
Frau:
* 1715, † 1779

Martin Friedrich Heyde
Bg. u. Bäcker
1737;
⚭ Maria
Elisabeth Schütz,
V.: Bg. u. Bäcker

Jacob Friedrich Heyde
* 1722, † 1757,
Bg. u. Bäcker;
⚭ 1743 Dorothea
Elisabeth Hilwich,
* 1717, † 1757,
V.: Brauherr

Catharina Luise Heyde
* 1741

Dorothea Luise Heyde
* 1743

Catharina Sophia Heyde
* 1745,
⚭ 1766 Christian
Friedrich Heyde,
Bg. u. Brauherr

Christian Friedrich Otto Heyde
* 1747

Friederike Wilhelmine Heyde
* 1752, † vor 1766

Gottfried Heyde
* 1671, † 1751,
Bg. u. Schneider 1698,
aus Stolpe/Angermünde;
⚭ 1. 1699 Charlotte Melusir
* 1664, † 1729,
Wwe. Gerichtsassessor Zilch
⚭ 2. 1733 Marie Luise Öser
V.: Posamentierer

Daniel Zilcher
* 1695,
Bg. u. Bäcker
1722

Johann Friedrich Heyde
* 1703, † 1790,
Mittelstraße 27,
Bg. u. Bäcker
1731;
⚭ 1731 Eva
Maria Wilcke,
* 1715, † 1801

Charlotte Luise Heyde
* 1705, † 1706

Johann G
Heyde
* 1734, †
(zehrende

Johann Gottfried Heyde
* 1732, † 1737
(Pocken)

Maria Charlotte Heyde
* 1734, † nach
1790,
⚭ 1754 Christian
Fiebelkorn,
* 1733, † 1775,
Bg. u. Brauherr

Johann Friedrich Heyde
* 1736, † 1818,
Bg. u. Bäcker
1761,
Brauer 1763;
⚭ 1763 Marie
Goldhammer,
V.: Bg. u. Bäcker

Christi
Heyde
* 173
(zehre

Christian Friedrich Fiebelkorn
* 1755, † 1755?

Maria Fiebelkorn
* 1756,
⚭ 1773 August
David Wilhelm
Büttner,
* 1745,
Bg. u. Braueigner

Johann Christian Fiebelkorn
⚭ 1784 Catharina
Elisabeth
Weinreich,
V.: Bg. u. Bäcker

Friederike Luise Fiebelkorn
* 1762,
⚭ 1781 Johann
Gottfried Hoffmann,
* 1753,
Bg. u. Glaser

Maria Sophia Heyde
* 1766, † 1793
(unverheiratet)

Sohn
* vor 1771,
† nach 1818,
Gastwirt in
Petersburg

Tochter
* vor 1771,

Johann G
Heyde
* 1772, †
Mittelstra
Bg. u. Bä
(kinderlos

Michael Wilcke
† vor 1731,
Bg. u. Bäcker;
⚭ 1. 1695 Elisabeth Barth,
V.: Ackermann;
⚭ 2. 1710 Eva Catharina Rohde,
V.: Bg. u. Nagelschmied

Eva Catharina Rohde, Großmutter Rohdin
* 1658, † 1751,
⚭ Johann Rohde,
Bg. u. Nagelschmied

Gottfried Heyde
* 1740, † 1741
(Pocken)

Anna Sophia Heyde
* 1750, † 1754
(Pocken)

Christian Ludwig Wilcke
* 1696, † vor 1706

Christian Ludwig Wilcke
* 1707, † 1709
(Zähne)

Jochen Michael Wilcke
* 1709, † 1714

Christian Ludwig Wilcke
* 1711, † 1713

Tochter
* 1713

Eva Maria Wilcke
* 1715, † 1801,
⚭ 1731 Johann Friedrich Heyde,
Bg. u. Bäcker

Johann Michael Wilcke
* 1718, † 1780,
Bg. u. Bäcker

c)

lrich
ɔ
ɛber)

Anna Sophia Heyde
* 1740, † nach 1790,
⚭ 1759 Friedrich Ludwig Zechmeister,
* 1730, † 1782,
Kaufmann u. Materialist
(kinderlos)

Gottfried Heyde
* 1742, † nach 1801,
Bg. u. Bäcker 1770;
⚭ 1773 Marie Luise Kachin,
* 1748,
Mittelstraße 27,
V.: Bg. u. Bäcker

Christian Bernhard Heyde
* 1745, † 1746
(Pocken)

Heinrich Wilhelm Heyde
* 1748, † nach 1790,
Bg. u. Bäcker 1772;
⚭ 1772 Dorothea Sophia Schneider,
* 1745,
Wwe. Bg. u. Bäcker

Christian Friedrich Heyde
* 1773, † 1775
(Zähne)

Sohn
* 1775
(totgeboren)

Catharina Caroline Heyde
* 1777, † 1778
(Zähne)

Friederike Heyde
* 1780, † 1780
(5 Std. alt)

Christiane Charlotte Heyde
* 1781, † 1786
(Stickhusten)

Charlotte Melusine Heyde
* 1789, † 1789
(2 Wochen alt)

Heinrich Wilhelm Heyde
Bg. u. Bäcker;
⚭ 1791 Maria Muckert,
V.: Grenadier

FSC
www.fsc.org
MIX
Papier | Fördert gute Waldnutzung
FSC® C083411

Kolibri 360 GmbH
Ferdinand-Jühlke-Straße 7
99095 Erfurt, Deutschland
produktsicherheit@kolibri360.de